戦前・戦中の農業改革と山口左右平

産業組合中央会から帝国議会議員へ その事跡と時代

著者 津田政行・山口匡一

国民服姿の山口左右平

はじめに

津田政行

近代日本の序章ともいえる第一回帝国議会は明治二十三年（一八九〇）に開かれた。そのときの衆議院議員のひとりに山口左七郎がいた。その子左一、そして孫の左右平、と三代にわたって山口家は帝国議会の議員を務めたのです。

そして代議士三代目は大政翼賛の一翼を担い、政治生命を絶たれたのでした。

大きな時代の流れは、見えていながらも如何ともしがたい力であったり、巨大であるがゆえに視力のおよばないものであったりします。

時代の流れは時の流れの集積ともいえるものですから、当然のことながら決して過去だけのものではなく、いつの世にも人間の存在するところどこにでもあります。

雨岳文庫資料のなかから、山口家一〇代左右平関連を調べさせていただきました。その資料の山を目の前にして、さてどのような角度から眺めたらいいものか、と迷いました。

おおまかな見当をつけて進みはじめても、途中で景色が見えなくなって引き返し、そしてまた進む。

いく度かそれを繰り返しながら、わたしの体力に合いそうなルートを見つけた次第です。ですから、険路を私流に通したところもあります。

「Ⅰ　民権・篤農〜山口家の系譜」では、山口家の概要と、山口左右平の概歴をなぞりました。

「Ⅱ　近代国家への模索〜戦争の歴史」では、近代の歩みを大急ぎでおさらいしました。わたし自身のおぼろ識の整理のためのメモで、以降の記事の理解のためにと書きつらねたものです。ちょっと長いですから、ここは斜め読みしてください。

「Ⅲ　近代日本社会の潮流と農業」では、山口家代々とのかかわりが深い農業の視点から、また庶民の生活とからむ思想的な視点からも眺めてみました。

これでやっと本論「Ⅳ　山口左右平の生涯」です。左右平の経歴に沿って、残された資料を読んできました。

【参考文献】は、全篇にわたって幾度も繰り返し参照していますが、最初の章末のみに記載し、後章ではいちいち掲載しておりません。

戦前・戦中の農業改革と山口左右平　目次

二 大正の政変と第一次世界大戦 33

四　帝国議会衆議院議員山口左右平 138

I　民権・篤農〜山口家の系譜

一　開明篤農家御座松

神奈川県伊勢原市、丹沢山塊の突堤に位置する大山は、古くから信仰の山として崇められてきた。その山のふもと、大山街道沿いに家紋入りの鬼瓦を載せた大きな入母屋屋根の旧家が山口左右平の生家である。

この屋敷は幕末明治の過渡期に、現在地の西北西の石倉《いしくら》から、直線距離で約七〇〇ｍを曳家して来たものである。石倉の地名は、石倉《いわくら》（岩倉、岩蔵、磐座）にも通ずるところで、現在地の七五三引《しめひき》（あるいは〆引）とともに、いずれも神の山へつづくふもとを意味する。

口伝によると、石倉の屋敷にはかつて御座松《ござまつ》といわれる老松が二本あった。大山の祭のときに、海龍王（龍神）が山神へ神燈を献ずるため、必ずここで休んでから行ったということから，神の座の，つまり〝御座《ぎょざ》の〟松といわれ、やがて御座松《ござまつ》とよばれるようになって、この地のこととも、また山口家のこととしても用いられるようになった。

石倉でも七五三引でも、神の山の入口にある屋敷ということから山口姓を名のったわけではない。家伝によると、野田平右エ門と次代の野田元右エ門は、福岡城主黒田筑前守家臣として二千石を知行していた。山口家では平右エ門を大先祖、元右エ門を元祖とし、次の野田佐五兵衛を二代としている。

元右エ門の次男野田佐五兵衛は寛文十年（一六七〇）～享保十六年（一七三一）の人で、「聊《いささ》之誤リ有テ當國ニ下リ住ス」つまり筑前を追われて、秦野堀山下村の山口紋左エ門の姉を妻として住むようになった。そして三代目から山口姓に変わったのである。

上粕屋村は旗本五給の地で、間部詮之《まなべあきゆき》が石倉や七五三引あたりに五百五十石の地頭となったのは、安永二年（一七〇五）であった。

四代佐七は享保十五年（一七三〇）～文化十三年（一八一六）の人で、間部家四代の主殿頭《とのものかみ》詮邦の勝手御用に登用されて、以来山口家は名字帯刀を許された国許《くにもと》用人として仕えることになった。

五代左司右エ門は宝暦十年（一七六〇）～文化十一年（一八一四）の人で、柳生心眼流小山派の免許皆伝の八王子同心として務めていた。

七代作助は、文化十四年（一八一七）～明治三十一年（一八九八）の人で、幕末期に地頭間部氏より地代官を申し付けられ、石倉から七五三引に曳家して代官所構えに改築したころには、明治になっていた。

作助は実に多くの文書を書き残していて、几帳面で律儀な人柄をうかがい知ることができる。作助の用務は一地方代官にとどまらず、多国多村に知行地をもつ間部家全体の地代官であった。それゆえに他国の百姓の生産・生活をも熟知していた。

江戸本所の間部家までの度重なる往来、長州征伐前夜の動静や黒船騒動を見聞し、常に旗本の身近にいて、幕府の内情や日本と西洋との差も知っていた。もちろん、江戸の情報から先を見越した動きを模索しながら新大山を目指していた御師達の動静も、である。まさに足下から海まで見晴らせる物見峠に山口作助は立っていたのであった。

新時代の嗅覚に優れた養子夫婦を迎え入れ、これからの新時代における家を託した。世界の中の新しい日本とその中の七五三引そして山口家、混乱する世の中の舵取りを任せられる男として作助が選んだのであった。作助自らは主人のため、村のため、家のためを律儀に通し、本当に貫きたかった生涯を婿の姿に重ねるようにして…。「間部美作守《みまさかのかみ》家来山口作助」「中島信行総代理人」の名刺があったという。まぎれもなく、時代の転轍機を作助自らが操作して、次世代左七郎に方向を指し示したことの証左となるものであろう。

維新後は名主総代、戸長、副区長を歴任した。戒名は「清光院鐵山恆固居士」。

八代左七郎は嘉永二年（一八四九）～明治四十五年（一九一二）の人で、戸長、里長、大住・淘綾《ゆるぎ》郡長、県会議員、第一回帝国議会衆議院議員（立憲自由党）、戸籍法審査委員、登記法改正審査委員、収税法改正審査委員などを歴任した。

なかでも左七郎が社長になった自由民権運動の結社湘南社は、山口家をその拠点として多くの活動家が、会議や勉強のために出入りする所となった。

左七郎が代議士になった帝国議会の初代衆議院議長が中島信行で、板垣退助らと自由党結成に参加して初代副総理となった中島は、自由民権結社湘南社の力強い後援者であった。

九代左一は明治八年（一八七五）～昭和十一年（一九三六）の人で、同志社大学に学んだ。高部屋村々長、神奈川県農会評議員、帝国農会特別議員、高部屋村農会評議員を務め、中郡農会名誉会員、中郡養鶏会名誉会員などを歴任し、帝国議会衆議院議員としては煙草専売法中改正、震災に因る喪失無記名国債証券、造林助成、郵便年金などの法案審議にかかわっている。立憲政友会神奈川支部顧問にも就任した。

二　山口左右平の略歴

これからの話の理解のために、山口家十代左右平の略歴を記しておく。

山口左右平は明治三十七年（一九〇四）六月二十八日、神奈川県中郡高部屋村上粕屋八六二番地に生まれた。父山口左一が七月四日に届け出ている。日本がロシアに宣戦した年であった。

左右平は、大正六年（一九一七）に高部屋村尋常高等小学校高等科一学年を終業している。

大正十一年（一九二二）に山口左右平は神奈川県立厚木中学校、昭和二年（一九二七）に静岡高等学校文科、昭和五年（一九三〇）には京都帝国大学経済学部を卒業して、産業組合中央会での勤務をはじめた。

昭和七年（一九三二）十一月に箱根芦之湯村松坂準之助次女松坂多恵子と結婚し、昭和十一年

（一九三六）九月八日に父山口左一が逝去したため、十七日には家督相続の届け出をしている。

昭和十六年（一九四一）四月に、満州開拓協力協議会幹事を委嘱され、翌年には帝国農会農政事務を委嘱されている。

昭和十七年四月三十日の第二十一回総選挙（翼賛選挙）に当選する。

昭和二十年（一九四五）十一月二十六日に召集された第八十九臨時議会は、十二月十八日閉会した。

昭和二十一年一月四日、GHQ指令で軍国主義者公職追放、超国家主義団体解体が発令された。

昭和二十四年（一九四九）三月二十六日、山口左右平は生涯を閉じた。行年四十四であった。


【参考文献】

『地方名望家山口左七郎の明治維新』渡辺尚志・龍澤潤・山口匡一　二〇〇三年　大学教育出版
『山口左七郎と湘南社』大畑哲・佐々木徹・石倉光男・山口匡一　一九九八年　まほろば書房
『相模の豪家と御一新』田嶋悟　「信濃」第六十六巻第七号　二〇一四年
『帝国議会衆議院委員会議録』一九二四―一九二七年
雨岳文庫資料『御代々御尊霧等』『神奈川県系統農会役職員名簿』『戸籍抄本』

Ⅱ　近代国家への模索～戦争の歴史

幕末から明治維新への内戦が終息してから、昭和二十年（一九四五）までの日本は、戦争の歴史であった。その終末期に山口家三代目の帝国議会議員になった左右平の時代は、どのように揺れ動いていたのか、ここで改めてふりかえってみる。

一　明治維新と日清・日露戦争

1　中央集権国家へ向かって

のちに新しい時代として定着した政変は、慶応三年（一八六七）十二月九日、薩摩・芸州・土佐・尾張・越前の五藩が御所九門を警護した御前会議において、廷臣・諸侯を前に「諸事神武創業ノ始ニ原《もと》ツキ」倒幕派がいわゆる「王政復古の大号令」を発し、江戸幕府を廃して政権を朝廷に移したことにはじまる。

摂政・関白・将軍職・京都守護職・京都所司代の職制を廃止して総裁・議定《ぎじょう》・参与の三職を設置した。その総裁には有栖川宮《ありすがわのみや》、議定に皇族や倒幕派公卿および五藩主、参与に岩倉・西郷・大久保らが任命された。

新政権最初の首脳会議はその夜、小御所《こごしょ》でおこなわれた。徳川との連合政権を求める土佐・越前・尾張と、慶喜の内大臣辞退と所領返上とを主張する岩倉・大久保らとの激論の末、辞官納地が決まった。このようにして、幕府は政治から離れることになった。

慶応四年（一八六八）三月十四日、「五箇条《ごかじょう》の誓文《せいもん》」として天皇が神に誓うとともに神の意思を伝えるかたちで、「広ク会議ヲ興《おこ》シ上下心ヲ一ニシテ皇基ヲ振起スベシ」とする維新の基本方針を布告した。これは、のちの「教育勅語」や「軍人勅諭」とともに、国民の指導理念となった。

同年閏四月には五箇条の誓文を政体の目的とする「政体書」を公布し、太政官へ権力を集中させた立法・行政・司法の原則を示した。

地方行政は府・藩・県とされていたが、明治二年（一八六九）一月、薩摩・長州・土佐・肥前四藩の藩主に「版籍奉還の建白書」を出させ、版（領地）と籍（領民）とを朝廷に返上させた。これによって藩主は「知藩事」として新政府から任命された地方行政官になり、支配権はなくなった。

明治四年（一八七一）七月、天皇が知藩事を東京に呼び、藩を廃止し知藩事を罷免するいわゆる廃藩置県を申し渡した。こうして幕府につづいて藩もなくなり、政府から知事や県令が派遣される直接統治になった。

2　明治政権の確立

幕府と藩主、藩主と家臣という主従関係の解消につづいて、大名を華族、武士を士族、農民・町人を平民とし、平民も苗字を名乗り、華族や士族との婚姻が認められて、皇族以外は平等であることが定められた。

さらに明治九年（一八七六）、家禄などを一時金支給で打ち切る秩禄《ちつろく》処分によって、士族は経済的な特権も失われた。

明治六年に徴兵令、九年には廃刀令が出されて武士の専業であった兵役が国民の義務とされ、さらには武士の魂とまで言われていた刀も取り上げられた。身分制度の改正や苗字の必称は、徴兵や徴税などの中央統制のために効率的な仕組みであった。

土地の利用と売買を解禁し、課税対象を米の収穫高から土地の価格に変更して、物納を貨幣での納税に改め、土地の所有者を納税者とした。これによって従来、藩ごとに異なっていた年貢は、全国一律に貨幣で徴収される租税となり、財政を安定させた。

明治五年（一八七二）、学制公布によって就学率は、三五年間で一〇〇％近くになった。教育によって統制を浸透させ、経済を発展させて軍備力を向上させるのが富国強兵である。

同年四月、大庄屋を廃止して町村役人を戸長と称し、十月には大区《だいく》・小区を設け、大区に区長、小区に副区長をおいた。戸長は、地租納入者の公選によって「戸長薦挙人名簿」から県令が選任し、住民に直接拘束されず、町村会に絶大な権限をもっていた。しかも、統括範囲は数町村に拡大された。もちろん地租改正や徴兵は、この地方行政機構を通じておこなわれた。

3　大日本帝国憲法と第一回帝国議会

明治二十二年（一八八九）二月十一日、大日本帝国憲法が発布された。立憲君主制の原則に基づくかに見えたが、天皇が制定して国民に与える「欽定憲法」というかたちで、君主立憲制とでもいえるものである。

天皇は神聖不可侵の元首で統治権をもち、その権限には国務大臣の補佐だけで可能な緊急勅令のほか、議会を経ずに専行できる範囲は多岐にわたっていた。法律の裁可・公布・施行、議会の召集・開会・停会・解散、陸海軍の統帥・編成、宣戦・講和、条約締結、戒厳令布告、大赦・特赦・復権・減刑などである。

大臣の任免は天皇の大権に属するので、現在の政党内閣制とは異なるものである。

衆議員は予算の先議権がある以外は貴族院と同等の地位にあって、たがいに牽制しあうようになっていた。その貴族院は、華族・勅選議員と各府県一名ずつの多額納税議員とから成り、衆議院議員の選挙権は直接国税一五円以上を納税する二五歳以上の男子に与えられた。

天皇の最高諮問機関として、憲法草案審議のために設けられた枢密院が存在した。天皇の統治のもと、立法・行政・司法の三権分立がとられ、その立法権は帝国議会の同意が必要とされた。

また国民の義務と権利も明記され、納税・徴兵などの義務、信教・言論・結社・居住・移転などの自由が保障された。

明治二十三年（一八九〇）七月に第一回衆議院議員選挙がおこなわれ、十一月の第一回帝国議会では自由党が第一党となって、改進党を加えると民党は絶対多数であった。民党諸派は政費を削減し、地租を軽くして「民力休養」を主張し、多額の軍事費を含む予算案を大幅削減しようとしたが、自由党内土佐派が買収されて足並みが乱れた。結局のところ、民党は第三議会まで予算を削減させることができた。

しかし第四議会で「内閣と議会との和協をのぞむ」との詔勅の力を背景に海軍拡張費を柱とする予算が成立した。こののち日清戦争を前に、対外強硬政策の協調がはじまったのである。

4　教育勅語

国民道徳の基本を示し、教育の根本理念を明らかにするため、明治二十三年（一八九〇）十月発布された本文三一五字の勅語は、憲法を下賜《かし》する前に五箇条の誓文で神々に誓った天皇が国民に下付したものであり、法を超越した力を発することになる。

翌年御真影礼拝と教育勅語奉読の学校儀式が法制化された。教育勅語の最高法規としての役割は、学校教育の内容を規定するにとどまらず、思想統制にまでおよんだ。

第一高等中学校の教育勅語奉読式で、キリスト教徒の教師内村鑑三が勅語への拝礼を拒否し、帝大教授久米邦武は「神道は祭天の古俗」の論文が因で二人は職を追われた。こうした事件によって教育勅語の浸透がはかられていった。

5　朝鮮とのこと

排外武断・西教撲滅の鎖国政策をとっていた朝鮮では、フランスやアメリカなどの通商要求を拒否し、フランス艦隊の撃退やアメリカ商船の焼き討ちなどがあった。また日本からの外交文書にも応ぜず、釜山日本人居留民に種々の圧迫を加えることもあった。

明治六年（一八七三）、西郷隆盛、板垣退助らの政府首脳は、朝鮮に開国を強く求めることを決定していた。しかし欧米視察から帰国した大久保利通らは、国内の整備が優先であるとして強く反対し、使節派遣を強引にくつがえした。

明治八年（一八七五）九月二十日、水路測定の名目で示威活動中の軍艦雲揚の端艇《たんてい》が、砲台から攻撃されて交戦におよんだ江華島事件を引き起こした。そして翌年二月二十六日、日朝修好条規の調印によって朝鮮を開国させた条約は、日本の領事裁判権や関税免除を認めさせるなど、朝鮮側に不利なものであった。

朝鮮国内でも、清国を支持する守旧勢力と、日本を支持する開化勢力とが対立していた。それは明治十五年（一八八二）七月二十三日の京城の日本公使館焼き討ち事件（壬午《じんご》の変）にまで発展した。この処理によって、公使館警備のための兵員配置が認められ、清国も兵を入れたために明治十七年（一八八四）十二月四日、京城で日清両軍が衝突して日本公使館が焼かれた（甲申の変）。翌年一月九日の漢城条約によって事件は解決とし、日清間の問題は明治十八年四月十八日の天津条約によって両軍の朝鮮撤退を決めた。

6　清国とのこと

近代国家として歩みはじめた日本は、まず清国に使節を派遣して明治四年（一八七一）七月二十九日、日清修好条規を結んだ。相互に港を開いて領事裁判権を認め合うことなどを定めたもので、日本が外国と結んだ初めての対等条約であった。

そのころ、朝鮮はもちろん越南（ベトナム）・琉球に至るまでの東アジアには、中国を頂点とする伝統的な朝貢《ちょうこう》を意味する華夷《かい》秩序といわれる国際関係があった。それゆえ日朝修好条規は、朝鮮の主導権を主張する清と、表面的には朝鮮を独立国として近代的な国際関係をもとうとする日本との溝を深めることになった。

さらに、日清間の小競り合いは台湾にもあった。日清修好条規締結直後の明治四年十一月、台湾に漂着した琉球島民五〇数名が牡丹社生蕃《せいばん》に殺害され、明治六年（一八七三）三月には、岡山県の漁民が略奪を受けた。台湾東部の民は清国政教のおよばない所という清国側の言質を得て、日本は三六〇〇の兵を出し、生蕃を征圧した。

明治十四年（一八八一）、ロシアの支援で新疆《しんきょう》に新国家ができると、清の李鴻章《りこうしょう》は従来の朝貢外交によらずに軍事力を行使した。これは華夷秩序に挑戦するような行動に対して、清国が従来とは異なる強硬な対応をとることを示すものであった。

清の方針転換は組織改革にもおよび、朝鮮・安南部門を李鴻章直轄下において明治十五年（一八八二）七月に朝鮮で起こった壬午事変《じんご》の対応では、鎮圧ののちに閔氏《びんし》政権を復活させるなど、内政関与を深めていった。

これに対し明治十七年（一八八四）十二月、閔氏政権打倒のため金玉均らが日本公使館の支援を受けて、清仏戦争の最中に甲申《こうしん》事変を起こした。しかし清国軍に鎮圧されて終わった。

日本政府は清との関係を修復するために伊藤博文を派遣し、明治十八年（一八八五）四月、李鴻章と天津条約を結んだ。両軍が朝鮮から撤兵して、以後派兵の要があるときには、互いに事前通告をするということになった。

7 そして日清戦争

明治二十七年（一八九四）キリスト教に反対する東学党の反乱にはじまった甲午農民戦争の鎮圧のため、李朝は清朝に援軍を要請した。

日本も天津条約を根拠に出兵すると、農民軍と政府は急きょ和解した。

しかし日清両国は朝鮮の内政改革をめぐって対立を深め、交戦状態となった。そして八月一日、日本は清国に宣戦を布告した。

天皇を広島に迎えてという異例の第七臨時議会を十月十五日から開いて、軍事予算を満場一致で可決した。政党も世論も戦争遂行に向かっていった。

開戦から半年後、日本の全権は総理大臣の伊藤博文と外務大臣の陸奥宗光、清国は李鴻章で、明治二十八年（一八九五）四月十七日、下関条約（日清講和条約）が結ばれた。

①朝鮮の独立を認め、②遼東半島・台湾・澎湖《ほうこ》諸島を日本に割譲し、③償金二億両《テール》（約三億円）、④

沙市《さし》・重慶・蘇州・杭州を開港、⑤通商航海条約締結を約し、最恵国待遇を与えることなどが定められた。償金二億両は、当時の国家予算の三倍に相当する額であった。

清の敗北によって華夷秩序は崩壊し、朝鮮は独立国となって明治三十年（一八九七）に大韓帝国と改めた。

8　日清戦後

ところが下関条約締結まもない四月二十三日、独仏露は、日本の遼東半島領有は、清国の首府をあやうくするばかりか、朝鮮の独立は名ばかりのものになる、として日本に放棄を迫った。この三国干渉に、日本は銀三千万両で応じた。

いっぽう干渉三国は清国に対し、日本から救ってあげたとの恩を着せ、清国から種々の利権を得ていた。明治三十一年（一八九八）三月にロシアは遼東半島、ドイツは山東半島、翌年十一月にはフランスが広州湾方面を勢力圏に収めた。

こうして中国の帝国主義的分割・半植民地化は、三国干渉を機に本格的にはじまった。

朝鮮を清国から解放した大義と、下関条約による開港が諸外国にも適用される恩恵にもかかわらず三国の干渉があった、ということは逆に日本の外交上の立場を高めることになった。

9　国内の日清戦後

国内でも、三国干渉はロシアへの対抗心を国民に植えつけ、政府も軍備の拡張や工業化を推し進めた。

賠償金を投じて官営八幡製鉄所を設立し、明治三十四年(一九〇一)に操業をはじめて一五年ほどで、鉄の国内生産の八〇%を占めるまでになった。

明治二十七~三十五年の間に官営工場は三・三倍、民営は一・三倍に増加した。東京・大阪の砲兵工廠《こうしょう》、呉海軍工廠の拡張、佐世保・舞鶴など造船・兵器工廠の新設など、軍需生産部門が増強された。明治三十一年(一八九八)には六千トン級の常陸丸が、明治四十年(一九〇七)には一万トン級の天洋丸が建造され、造船技術は世界水準に達していた。

日清戦後の一〇年間に全国鉄道幹線はほぼ完成し、私鉄は全国鉄道網の過半に達した。

貿易の円滑化のために、賠償金をもとにして明治三十年(一八九七)、銀で決めていた通貨価値を先進国と同じ金本位制に変えた。

民法は明治三十一年(一八九八)七月、商法も翌年から実施されたことにより、安定的に安全に商取引がおこなえるようになって、貿易振興に寄与する仕組みが整っていった。

10 日露戦争前

日本に敗れた清では、イギリス・ロシア・フランス・ドイツなどが資金の貸付や鉄道建設、鉱山の開発などを名目に、様々な利権を求めて侵食していった。

ロシアについてみると、明治二十九年(一八九六)六月に露清防敵相互援助条約を結ぶと同時に、満州を横断してハルビンからウラジオストックに至る中東鉄道の敷設権も得た。

さらに明治三十一年(一八九八)、排外主義運動の責任と下関条約賠償金援助の担保として、旅順・

大連の二五年間租借権とハルビンから旅順・大連に至る中東鉄道南支線の敷設権を獲得していた。

こうした列強諸国の理不尽に反発した民衆が、清朝を助け西洋を打ち滅ぼせという「扶清滅洋《ふしんめつよう》」をスローガンに、宗教結社‚義和団‘が乱を起こして北京に向かった。そして明治三十三年（一九〇〇）六月、清国政府は列国に宣戦を布告して公使館を包囲した。しかし八月には逆に、連合軍が北京を占領して北清事変は鎮圧されてしまった。

このときの連合国は英米露仏日など八か国であたったが、イギリスはボーア戦争に、アメリカはフィリピン独立戦争に忙殺されていて、大軍を派遣できるのはロシアと日本だけであった。

天津・北倉・北京などにおける七月中旬以降の戦闘では、日本軍が主導権を握っていた。この戦勝の勢いに乗じて、台湾の厦門《あもい》占領を企てたが、欧米列国の強い抗議で挫折した。

しかしロシアは、中国東北部の権益を守る口実で、黒龍江沿岸を占領した。

また、下関条約によって清が朝鮮の自主独立を認めていたものの、三国干渉により朝鮮における日本の勢力は後退していた。それで朝鮮の朝廷内では、反日勢力が明成皇后閔妃《びんひ》に集まり、政府内では親露派が多くなっていた。そして明治二十八年（一八九五）、公使三浦悟楼陸軍中尉が大院君擁立を企て、公使館守備兵などを京福宮に侵入させて閔妃を暗殺するという事件が起こった。

反日の世論が強まり、ロシアとの軋轢も高まった。やがて清の李鴻章が亡くなった翌年明治三十五年（一九〇二）四月八日、ロシアと清国との間に結ばれた条約によって、三回に分けて一年半以内にロシア軍が満州から撤兵することを約した。

しかしロシアの第一期撤兵は予定通りおこなわれたものの、その後は逆に鴨緑江《おうりょくこう》の韓国側河口竜厳浦に大規模な建築工事をはじめた。こうしたロシアのアジア進出を警戒していたイギリスではあったが、南アフリカでのボーア戦争の長期化が大きな負担となっていて、身動きできない状況にあった。

そこで明治三十五年（一九〇二）一月二十九日、極東の現状維持・清韓の独立と領土保全・韓国における日本の権益保全等を日英同盟で確認した。そのうえで日本はロシアに対し、ロシアの満州撤兵や韓国保全に固執しての満韓交換の譲歩を持ち出したが、ロシアは三九度線以北の中立地帯化を主張して折り合わず、明治三十七年（一九〇四）二月六日に交渉は決裂、十日に宣戦布告となった。

11　国内の日露戦観

ロシアがアジアの不凍港に海軍をおいて韓国を占領しようと考えたとき、シベリア鉄道は重要な意味をもつ。同様に、朝鮮に対する支配権と海軍の根拠地を朝鮮半島の東側におくという点で、シベリア鉄道は日本にとっても大問題であった。

そのとき帝国議会の議席は政友会と憲政本党が占めていて、第一次桂内閣の戦争準備のための海軍増強予算に反対であった。日英同盟を対露戦への準備と見るか、防壁と見るかで意見が割れた。そして明治三十五年（一九〇二）十二月に帝国議会を解散したが、政友会と憲政本党とがふたたび議席の多くを占めた。

翌年六月ごろ「満州問題に関する七博士の意見書」で帝国大学の教授らが開戦を勧めた。中国の東三省がロシアの勢力圏に入ると、ハルビンなど重要都市が閉鎖市場になってしまう、という主張であった。

しかし開戦一、二か月前まで桂首相や元老伊藤博文・山県有朋も積極的ではなかった。日清戦争のときと違って、政府に対して公然と反戦・非戦をとなえる人びとがいた。

幸徳秋水・堺利彦は『平民新聞』によって反戦を主張した。与謝野晶子は召集された弟へ「君死にたまふこと勿れ」の詩を献じた。

日清戦争では義戦として英文の「日清戦争の義」を書いた内村鑑三は、その後の弱肉強食の帝国主義的世界の現実に失望して、日露非開戦論を展開した。

もっぱら満州の大豆に関心のある欧米に対して、日本政府が戦争資金の支援を仰ぐためには、満州の門戸開放を旗印にする必要があった。

12　日露講和条約

軍事的にも財政的にも限界であった。戦死者は八万人を超え、戦争の費用は、当時の国家予算の四年分を超える一七億円に達していた。

アメリカ合衆国大統領に講和を依頼すると、アジアに進出する機会をうかがっていたローズベルトは、日露の斡旋に乗り出して明治三十八年（一九〇五）九月、講和条約（ポーツマス条約）が調印された。

この条約では、・韓国における日本の優越権を認める、・旅順、大連の租借権や長春以南の鉄道と付属の利権を清国の同意を得て日本に譲り渡す、・北緯五〇度以南の樺太の譲渡、・沿海州とカムチャツカ沿岸の漁業権を日本に与える、というもので賠償金は得ることはできなかった。

黒龍江省・吉林《きつりん》省・遼寧《りょうねい》省の三省が、ロシア支援国の独伊を含んだ列強に解放された。さらに、不平等条約の改正を明治四十四年（一九一一）に実現する、という列国からの確約も得た。日本は日清戦争でアジアから独立し、日露戦争の勝利によって西欧から独立することができた。殊に欧米の東アジア戦略の武力脅威から免れたが、列国の権益継続の保障義務を、日本に対して求めるということにもなった。

明治三十六年（一九〇三）十月八日、日清通商条約と米清通商条約とが同時に公表された。やがて、明治二十七年（一八九四）の日英通商航海条約改定以来懸案となっていた関税の自主権の改訂を含めた再改定が明治四十四年（一九一一）におこなわれ、アメリカ・ドイツ・フランスその他の国々とも新条約の調印を終えた。

13　日露戦争後の日韓関係

明治三十八年（一九〇五）、第二次日韓協約によって日本は韓国政府の外交権を接収し、軍隊を駐屯させて軍政をおこなった。ポーツマス条約は、列国がこの既成事実を承認したことにもなった。

明治三十九年（一九〇六）二月、漢城《はんそん》（ソウル）に日本政府の代表機関である韓国統監府を設置し、その初代統監に伊藤博文が就任した。

韓国では宮廷の民族主義貴族たちが高宗皇帝を動かして、明治四十年（一九〇七）六月のハーグ第二回国際平和会議に訴願の使者を派遣させた。

このことを知った統監は皇帝を退位させ、七月には第三次日韓協約を強要して内政のすべてを韓国統監府に集め、韓国軍隊を解散させた。するとこれらの兵士や農民が立ち上がり、義兵戦争とよばれる抵抗闘争が起こった。これが日本軍隊によって鎮圧されたあとの明治四十二年（一九〇九）、満州ハルビン駅で統監伊藤博文が暗殺された。

翌年、日韓条約で韓国を併合し、京城に朝鮮総督府をおいて植民地支配を推し進めた。さらに、ロシアが所有していた鉄道を母体として、半官半民の南満州鉄道株式会社（満鉄）が設立され、沿線地域の鉱山・製鉄・都市の建設などの中心となっていった。

こうして日本は中国・ロシアと接する国土をもち、朝鮮半島と満州の経営に奔走することになる。

二　大正の政変と第一次世界大戦

1　大正政変

第二次西園寺内閣は日銀総裁山本達雄を蔵相に入れ、大正元年（一九一二）末に閣議が陸軍二個師団増設案を否決した。すると、陸相上原勇作は統帥大権《とうすいたいけん》独立を根拠に、首相を経ずに天皇へ直接辞表を出した。この帷幄上奏《いあくじょうそう》を支援するかたちで陸軍が後任を出さなかったため、内閣は総辞職となった。

元老会議は第三次桂内閣を成立させた。しかし桂は、大正新帝に奉仕する宮内大臣として宮中に入って、わずか四か月で再び政界にもどったことから、宮中・府中の別をわきまえないという非難のなか、憲政擁護運動の対抗勢力としての立憲同志会結成を発表した。

議会に押しかけた群衆と警察官との衝突、警察署や新聞社の襲撃、軍隊の出動という争乱がつづき、桂内閣は六〇日で倒れた。この憲政擁護運動による倒閣は、元老・藩閥勢力の退潮、政党政治への前進を意味するものであった。

次の薩摩系海軍大将山本権兵衛内閣は、軍部以外の閣僚を与党政友会から入れ、軍部大臣現役制撤廃、文官任用令改正、行財政整理をおこなったが、海軍のシーメンス汚職事件によって倒れた。

立憲同志会は十二月に加藤高明を総理にして結党し、大正五年（一九一六）に改組して憲政会、昭和二年（一九二七）には立憲民政党と改称し、政友会とともに二大政党をつくった。

政友会・憲政会・革新倶楽部の護憲三派による第二次憲政擁護運動が起こった大正十三年（一九二四）の総選挙の結果、憲政会は第一党となり、加藤高明を首班とする護憲三派内閣が成立した。

加藤は翌年に憲政会単独内閣を組閣し、普通選挙法を成立させた。納税資格が撤廃されて、二五歳以上の男子が有権者ということになった。その数を比較すると、昭和三年（一九二八）の最初の普選では、大正九年（一九二〇）のときの四倍を超えた。

2　第一次世界大戦

大正三年（一九一四）七月二十八日、オーストリアがセルビアに宣戦布告すると、ドイツは八月一日、ロシアに宣戦布告した。すると、ロシアと同盟関係にあったイギリスが八月四日ドイツに宣戦し、フランスも同調した。

こうしてセルビア・イギリス・フランス・ロシアなどの連合国と、オーストリア・ドイツ・トルコなどの同盟国との対戦となって、四年にわたったこの戦争は参加国三〇以上、動員総兵力六千万という過去最大規模の戦いであった。

軍事力だけでなく、資源・産業・技術など国力のすべてをそそいで戦った最初の総力戦といわれる。

3　日本の参戦

中国をめぐる日英の対立が深まり、国内に日英同盟への批判も出はじめていたころ、イギリスがドイツに宣戦した。それに関連した極東海域の安全のために、イギリスは日本艦隊の出動を要請してきた。第二次大隈重信内閣の外相加藤高明は、イギリスの要請に応じて翌日八月八日の元老・大臣合同会議で参戦方針を決定した。しかし日英同盟による参戦義務はないものの、中国への足がかりにしようとする日本の意図はイギリスに丸見えで、日本に軍事行動の制限を申し入れてきた。

日本はドイツに対し、沿岸からの艦艇退去や膠州湾租借地の中国返還を、八月二十日期限として最後通牒の形で要求した。そして八月二十日夕、対独宣戦の詔書が発布され、八月二十三日に宣戦を布告した。

マリアナ・パラオ・カロリン・マーシャルなどのミクロネシアは、アメリカが太平洋を横断するルートにあるドイツ領であった。日本海軍は大正三年（一九一四）九月から十月の間にマーシャル諸島ヤルート・カロリン諸島のポナペ・トラック・ヤップ・マリアナ諸島サイパンなどのドイツ海軍の基地を占領した。

また膠州《こうしゅう》湾を封鎖し、十一月七日にはドイツ軍の青島守備隊を降伏させて、ドイツが明治三十七年（一九〇四）に通した済南から膠州湾の青島を結ぶ膠済《こうさい》線を、日本が占領した。

これによって日本軍は済南から天津、そして北京へ上ることが可能になった。

大戦まもなく中国は中立を宣言して戦争区域を設定したが、日本軍はこれを無視して行動し、ドイツ租借地に軍政を布いて、租借地以外の済南にも民政庁をおき、黄河以南のドイツ勢力圏内であった山東一帯を制圧した。

大正四年（一九一五）、中国は日本軍撤退を要求したが、日本は逆に二十一か条を突きつけたために排日運動が起こり、アメリカからも抗議を受けた。

日中交渉は、四か月二六回にわたったが合意に至らず、五月七日に日本は最後通牒を発して要求を貫徹した。

4　大戦の終結

ドイツの休戦協定受け入れは大正七年（一九一八）十一月十一日、そして講和条約調印は翌年ベルサイユでおこなわれた。

全体の戦死者は一千万、戦傷者が二千万人といわれ、日本は青島攻略戦で一二五〇人の死者があった。

大正六年（一九一七）十一月のロシア革命で、レーニンとトロツキーのボリシェビキがロマノフ王朝を倒した。そして内戦の結果、大正十一年（一九二二）にソビエト連邦となった。ドイツでは大正七年（一九一八）十一月、ホーエンツオレレン朝が崩壊し、翌年ワイマール共和国となる。

従来おこなわれていた終戦後の植民地の分配は、設立した国際連盟が連合国各国に委任統治するかたちになった。

5　パリ講和会議

長期にわたる総力戦は、未曽有の大惨事をもたらして終わった。それだけに戦後処理に対する意気込みは大変なものであった。大正八年（一九一九）一月十八日から半年間パリ講和会議が開かれ、六月二十八日、ベルサイユ条約が締結された。

単なる対独講和会議ではなく、世界平和確立のための議論がおこなわれ、翌年日本も常任理事国に選ばれた国際連盟が設立した。事務局次長には新渡戸稲造が就任した。

経済学者ケインズはイギリス全権団として、石原莞爾は軍縮会議に、柳田国男は委任統治の委員として出席した。

講和会議には直接関係する外交官以外にも、後学のため世界各国から優秀な若い人材が集まった。ドイツが休戦に応ずるきっかけをつくったアメリカ大統領ウィルソンの十四か条を書いたといわれるウオルター・リップマンは、大統領側近に頼み込んで出席したひとりであった。首席全権の西園寺公望《きんもち》に頼み込んだ近衛、岳父でパリ講和会議次席全権大使の牧野伸顕に頼んだ吉田茂もいた。

連合国のドイツへの厖大な賠償請求額の背景には、アメリカからの戦債があった。イギリスは四二億ドル、フランスは六八億ドル、イタリアが二九億ドルもあった。

6　大戦後の国際体制

パリ講和会議をきっかけに、国際会議が多くなって会議外交の時代をもたらした。

大正十年（一九二一）十一月からの海軍軍縮と国際関係の調整とを課題とするワシントン会議では、まず日英米仏の四か国条約が十二月十三日に調印され、太平洋地域島嶼《とうしょ》における権利尊重や紛争処理などについて合意した。これによって日英同盟は廃棄された。

翌年二月六日にワシントン海軍軍縮条約によって米五、英五、日三、仏一・六七、伊一・六七の比率で主力艦保有トン数が調印された。

中国・ベルギー・オランダ・ポルトガルを加え、中国の主権・独立・領土の保全、門戸開放、機会均等を定めた九か国条約に合意した。これは日中新条約を破棄し、山東半島を返還する中国の国際管理を意味した。さらに、大正六年（一九一七）の石井・ランシング協定も廃棄され、山東省膠州湾の返還やシベリア撤兵も決まった。

ワシントン会議の結果、新たに成立した極東の国際関係は、「ワシントン体制」といわれ、ヨーロッパにおける勢力関係をおもな対象とする「ベルサイユ体制」とともに、第一次世界大戦後の世界の新秩序を構成した。

7　日米の確執

遅ればせながらアメリカも拡張レースに乗り出し、明治三十一年（一八九八）の米西（亜米利加・西班牙《スペイン》）戦争ではフィリピンとグアムを獲得し、ハワイとサモアも併合していた。

そのころ明治三十四年（一九〇一）から明治三十九年の間にカリフォルニアに渡った日本人移民が数千人いた。そして明治三十九年（一九〇六）四月十八日、サンフランシスコで大地震が発生し、チャイナタウンの中国人に対する暴行や略奪がおこなわれた。

この年カリフォニアでは日本人の公立学校入学拒否、翌年にはハワイ・メキシコ・カナダなど、米国本土以外からの日本人移民排斥条項を含む連邦移民法が可決された。

このような状況のなか、大正九年（一九二〇）設立の国際連盟の規約起草委員会で、日本は「連盟に加わる国はそれぞれの国のなかで暮らす外国人を差別してはならない」という人種平等案を提案した。しかし、否決されたのである。

ウイルソンが提唱してはじまった国際連盟ではあったが、アメリカ議会は加盟を否決した。大正八年（一九一九）の三・一運動といわれる韓国の独立運動に対する日本の過酷な鎮圧が理由とされた。そのような日本に対して、ドイツの勢力圏であった山東地域や南太平洋地域で、ウイルソンが妥協してしまったというのである。

大正十年〜十一年にかけてのワシントン会議は、第三次日英同盟の更新にアメリカが反対であったため、イギリスが太平洋会議を開いて日英同盟問題を解決しようと考え、海軍軍縮構想をもつアメリカと共同して進められたのであった。

というように移民問題や軍縮問題など、日米間にはさまざまな軋轢が積み重ねられていた。

8　中国の情勢と日本

中国では明治四十四年（一九一一）の辛亥革命以後、軍閥間あるいは南北間の内戦がつづいたが、大正末期に蒋介石の国民革命軍は〝北伐〟を開始し、昭和二年（一九二七）には列国の権益が集中する揚子江流域に作戦を展開した。

このとき革命軍の一部が南京や漢口で外国人を襲撃すると、イギリスは日本に共同出兵を提案してきたが、第一次若槻内閣の幣原外相が不干渉政策を固持した。

代わって四月成立の政友会田中義一内閣は積極外交に転じ、昭和三年（一九二八）四月に第二次山東出兵をおこない、翌月には済南入城の革命軍と衝突すると、第三次出兵を強行した。

奉天から北京に進出していた満州軍閥の張作霖はこれと対峙したが、決戦を避けて満州へ引き揚げるよう勧告すると、張は六月に移動をはじめた。その張の乗った特別列車が、奉天駅到着直前に爆破されたのである。関東軍参謀河本大佐によるもので、昭和四年（一九二九）四年七月に田中内閣はその責を負って総辞職した。

9　護憲三派内閣による政党政治

大正十年（一九二一）十一月四日、原敬がワシントン会議の直前に暗殺され、後継の高橋是清内閣は第四五議会に過激社会運動取締法案を上程したが、衆議院で否決されたうえ、経済問題で政府内対立を生じたため倒閣した。元老筆頭として政権決定に力をもっていた西園寺公望は、官僚・貴族院を母体とする加藤友三郎内閣を成立させた。政府は日ソ軍事協定を結んでシベリア撤兵を完了し、ワシントン条約による海軍軍縮や山東返還を実行した。

大正十二年（一九二三）九月一日に関東大震災が発生し、二日に急きょ第二次山本権兵衛内閣を成立させて、戒厳令・朝鮮人暴動策動・社会主義者殺害をおこなった。裕仁親王狙撃の虎の門事件で内閣は総辞職した。

そして大正十三年（一九二四）五月十日の第一五回総選挙は政友・憲政・革新の護憲三派二八一、政友本党一〇九、無所属六九で、政友会の加藤高明を首班とする護憲三派の政党内閣が生まれ、納税制限撤廃の男子普通選挙を実現するとともに、治安維持法も制定した。

昭和三年（一九二八）二月二十日、最初の普通選挙は政友二一七、民政一六、無産各派八、実業同志会四、革新三、その他一八であった。

三　満州建国と第二次世界大戦

1　経済恐慌と軍部の台頭

第一次大戦の好景気は一転して戦後恐慌に見舞われ、さらに大正十二年（一九二三）の関東大震災に追い打ちをかけられ、昭和二年（一九二七）三月には金融恐慌が勃発した。

昭和四年（一九二九）七月に成立した浜口雄幸《おさち》内閣の井上準之助蔵相は、緊縮財政・産業合理化・金輸出解禁で通貨の安定を図るなど、日本経済を世界経済に結びつけようとしていたが、十月にニューヨーク株式市場に端を発した恐慌は世界に波及し、昭和五年には日本にも深刻な影響を与えた。

金解禁による為替相場の急騰と物価暴落・企業倒産・失業・労働争議などの連鎖のなか、農産物価格の暴落は不作も重なった農村の窮乏に激しさを増した。

国際的には、昭和二年（一九二七）のジュネーブ第二回海軍軍縮会議は不成立に終わったが、翌年には国家政策の手段としての戦争は放棄するとした「不戦条約」が成立した。

さらに昭和五年（一九三〇）、補助艦の制限に関するロンドンでの会議に浜口内閣の幣原外相と若槻・財部全権らが出席し、海軍軍令部の反対を押し切って「ロンドン海軍条約」を調印した。

これに対して枢密院・政友会・軍部強硬派や右翼は、天皇の統帥権を侵害するものだと非難した。そして昭和五年十一月十四日、浜口首相は狙撃されて重傷を負い、翌年四月に第二次若槻内閣に代わった。外相には幣原が留任した。

国土の狭隘《きょうあい》・資源の欠乏・産業の不振・人口の激増などの国内問題を解決しようとして満州問題が再び注目されてきた。しかしその満州では、恐慌の影響もあって満鉄の収入が最低を記録し、在満邦人二〇万の生活はひっ迫していた。

そうした背景のなか、参謀本部や陸軍省将校の間に、内外政策革新のための武力行使を企てる集団ができた。

2　満州建国

大陸では昭和三年（一九二八）、張作霖の跡を継いだ張学良が蒋介石の国民政府と結んで華北を掌握し、青天白日旗を満州に掲げた。

橋本欣五郎参謀本部ロシア班長をリーダーとする中堅幕僚将校の桜会は、軍部独裁政権の樹立と満州・中国の軍事占領を構想した国家改造を目指していた。

ロンドン軍縮条約の調印・浜口首相狙撃事件・条約批准をめぐる議会の混乱を背景に、桜会と大川周明や社会民衆党の亀井貫一郎らは、宇垣一成《かずしげ》陸相を首班とする軍部政権樹立を企てた。このクーデターは事前に発覚したが、処罰はされなかった。昭和六年（一九三一）の三月事件である。

それから半年後の九月十八日夜、関東軍参謀が中央の青年将校と通じて奉天（瀋陽）郊外の柳条湖付近で満鉄線を爆破し、中国軍を攻撃して奉天を占領するという満州事変が起こった。

このとき第二次若槻礼次郎首相の閣議では、幣原外相と井上準之助蔵相が反対したが、朝鮮軍司令官林銑十郎は無視して九月二十一日に軍隊を越境させた。

二十二日には、朝鮮軍越境を認めないが増派の支出は認めるとした閣議決定がなされた。

桜会幹部が中心となって大川周明・北一輝らも加わり、満州事変に呼応して荒木貞夫中将を首班とする軍事政権を企てた大規模なクーデターが発覚した。十月事件といわれる。

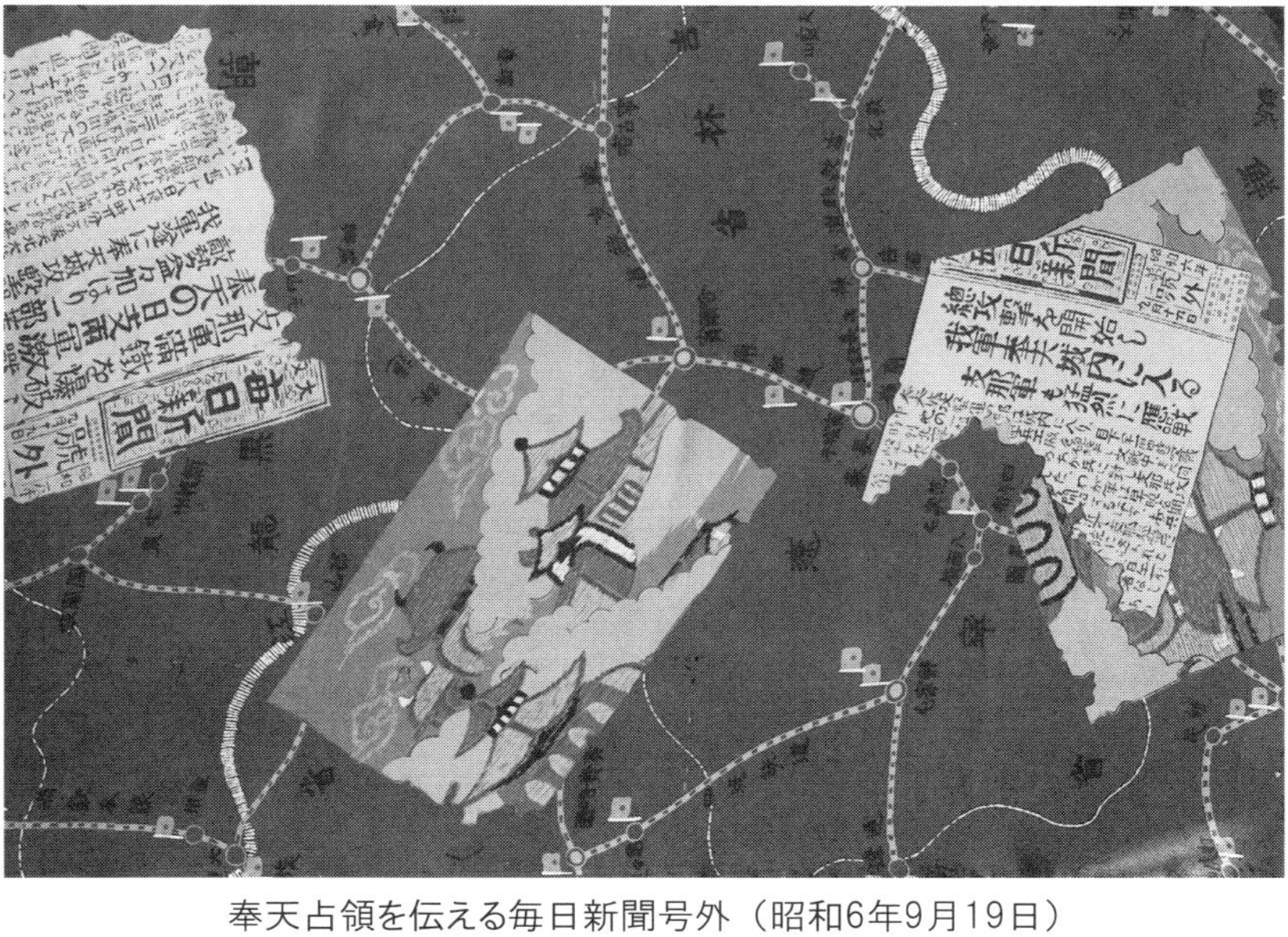

奉天占領を伝える毎日新聞号外（昭和6年9月19日）
をモチーフにした着物の裏地（著者蔵）

満州國概圖

by M.Tsuda

参考地図

『二百万分一大東亞航空圖第三十五号』
参謀本部　１９３４年
『満洲開拓民入植図』
満蒙開拓平和記念館　２０１７年
『写真集「満洲」遠い日の思い出』
一色達夫他　ベストセラーズ　１９７５年
『ベーシックアトラス世界地図帳』
平凡社　２０１０年

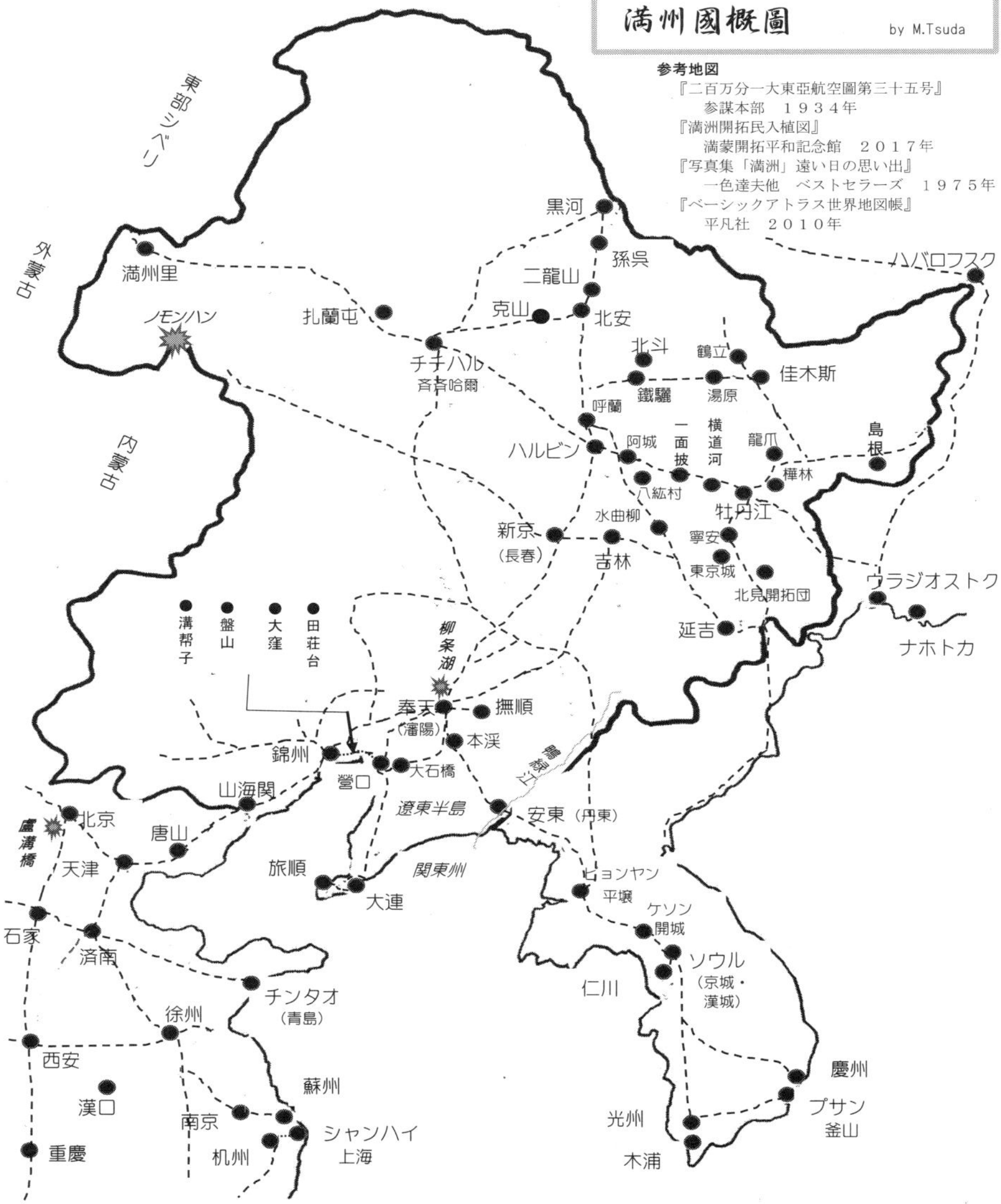

政財界に動揺を与え、若槻内閣は十二月、犬養毅《つよし》に代わって不拡大方針を変更し、荒木陸相の就任となった。そして、加藤護憲三派内閣から通算五年三か月の間外相を務めた幣原外交は消滅した。

対外政策で、軍部・官僚の急進派と財閥・元老の慎重派とが対立し、軍部も十月事件ののち陸軍の中央幕僚と隊付青年将校とが分裂して、それぞれ統制派・皇道派となる。

犬養内閣は満州事変を国民政府との間で処理しようとしたが、日本軍は昭和七年（一九三二）一月に張学良政権の錦州を、三月には北満の要塞ハルビンを掌握してほとんど全満州を制圧した。

戦火は排日運動の中心の華中にも移り、一月末に海軍が第一次上海事変を起こした。列国の目をそらせるために、日蓮宗僧侶を狙撃させて交戦を誘発したものであったが、五月に停戦協定を成立させた。

関東軍は政府の意向に従わず、清朝最後の皇帝溥儀を天津から連れ出して満洲に迎え、昭和七年（一九三二）三月一日に満州国建国宣言をおこない、九月には日満議定書に調印して日本は満州国を承認した。

3　国際連盟脱退

国民政府主席蒋介石は日本との直接交渉を避け、昭和六年（一九三一）九月二十一日に国際連盟へ提訴した。

翌年二月二十九日にリットン調査団が横浜港に着き、日本・中国・満州を視察後の昭和七年（一九三二）十月二日、ジュネーブ・北京・東京で報告書が公表された。張学良政権による東三省の無法律状態で日本は他国よりも不利な状態にあったこと、国民党の支持によって不法な日本品ボイコットがおこなわれたこと、などが認められた。そして、ボイコットの停止や日本人居住権を全満州に適応すること、などが述べられた。また昭和七年（一九三二）三月の独立宣言による満州国は、民族自決の結果生まれたものではないこと、前年九月十八日の日本軍の行動は自衛の措置とは認められないこと、なども指摘した。

上海事変によって日本への対応は、理事会に付すという連盟規約第十一条から、「他のすべての連盟国に対し、戦争行為をなしたるものと見なす」という第十五条に引き上げられた。

昭和八年（一九三三）二月は、連盟が和協案を提議して日本側に最後の妥協を迫っているときであった。八日に斎藤首相は天皇に、熱河作戦を決定した閣議を取り消して天皇の裁可も取り消すよう頼んだが、奈良侍従武官・元老西園寺公望は許可しなかった。二月二十二日の閣議で、勧告案が総会で可決された場合には連盟を脱退することを決した。

国際連盟は昭和八年（一九三三）二月二十四日、委員会の報告および勧告案について投票をおこなって四二対一で採決し、日本は三月二十七日に脱退した。

4　軍部勢力の拡大

昭和七年（一九三二）、日蓮宗僧侶井上日召の血盟団は昭和維新を唱えて、二月九日に井上前蔵相を、三月五日には三井合名の団琢磨理事長を殺害した。

血盟団の影響を受けた急進派の海軍青年将校が、陸軍士官学校生や愛郷塾生らと結んで五月十五日に犬養を首相官邸で射殺した。

ロンドン軍縮会議への不満や疲弊した農村を背景に政党政治を攻撃し、軍国主義的国家改造をとなえる大川周明の構想を実現しようとした。これによって政党政治は後退し、政治のなかの軍部の力が強くなっていった。

犬養毅《いぬかいつよし》内閣の陸相荒木貞夫は皇道派の中心人物で、上海事変・満州国樹立の先鋒であった。満州事変や十月事件を処理し、二・二六事件には同情的であった。また荒木は、十月事件の年、昭和六年（一九三一）の十二月に犬養内閣の陸相に就任し、斎藤実内閣にも留任した。

昭和九年（一九三四）七月、斎藤内閣から岡田啓介内閣へ代わると、軍国主義体制に踏み出した。十月には陸軍省が，陸軍パンフレット，とよばれる『国防の本義と其強化の提唱』を公にし、政治経済機構改革に言及して政治関与を鮮明にした。

昭和十年（一九三五）二月、貴族院で美濃部達吉が天皇機関説を攻撃され、議員を辞職させられ、翌年二月には自宅で右翼に発砲されて重傷を負った。

軍部のなかには、天皇親政下に国家社会主義を考える皇道派と、軍の統制を基礎とする国家総動員体制を樹立し、大陸経営を積極的に進めようとする統制派とが対立していた。

岡田啓介内閣の内相後藤文夫前農相は官僚グループ国維会に属し、内閣の実権を握っていた。統制派は国維会と結びつき、独占資本との関係も深かった。

皇道派は荒木貞夫・真崎甚三郎らを推していたが、ほんらい隊付将校として農民出身兵に接し、農村の窮迫事情を天皇制の危機として痛感していた。その理論的指導者は北一輝であったが、財界の久原房之介・池田成彬《しげあき》が資金援助していた。

陸軍省は個人主義を排撃し、国防国家の建設と国民生活の安定とは両立する、軍は国家の政治的推進力である、と主張した。社会大衆党の書記長麻生久はこれに賛同し、党中央委員会は軍部と連合して資本主義を打倒すると声明した。

議会では政友会・民政党が、これは軍の政治関与宣言であるとして反発した。軍部・右翼は天皇機関説批判を展開して政府に迫り、天皇が統治権の主体であるという〝国体明徴《こくたいめいちょう》〟を議会で決議した。

荒木が陸相を辞任してから、陸軍の要職に統制派が進出した。陸相林銑十郎は、さらに皇道派を一掃しようと教育総監真崎を罷免した。すると昭和十年（一九三五）八月十二日、皇道派の中佐相沢三郎が軍務局長永田鉄山を斬殺する事件まで起こった。

昭和十一年（一九三六）二月二十六日未明、皇道派陸軍将校ら近衛師団と第一師団千数百の部隊が、首相官邸・閣僚・重臣邸・警視庁・朝日新聞社などを襲撃し、斎藤実内大臣・髙橋是清蔵相・渡辺錠太郎教育総監を殺害、鈴木貫太郎侍従長に重傷を負わせた。

二十九日に事態は収拾され、反乱部隊将校一五名と北一輝ら四名に死刑、部隊以外の皇道派将校にも処分が下された。しかし以後の歴代内閣は、陸軍統制派の圧力に左右されるようになった。閣僚の人選に介入し、国防国家建設を強要して軍部大臣を現役制にもどした。

5　近衛新体制の変質

昭和十一年（一九三六）十一月二十五日、日独防共協定が調印され、翌年にイタリアも加盟した。ドイツ軍の勢いに日独伊提携論を強行進言したが容れられなかった畑陸相が辞任し、陸軍が後任を出さなかったことで米内《よない》光政内閣は半年で倒れた。

対独伊接近・反英米の議論がさかんになった世論を背景に、第二次近衛内閣が昭和十五年（一九四〇）七月に組まれ、松岡洋右外相・東条英機陸相・吉田善吾海相らが就任した。

近衛文麿は軍部を抑制するために、国民勢力を結集した新党を作ろうとしたが、政界や軍部内には一国一党の主張も強く、既成政党も解党してそれに参加しようとした。

かくして近衛新体制の構想は変質し、十月に政事結社ではなく政府に協力する公事《くじ》結社として近衛を総裁とした大政翼賛会ができた。

昭和十四年（一九三九）夏、天津租界問題をめぐる有田・クレーギー会談の進行中に、明治四十四年（一九一一）締結の日米通商航海条約の廃棄が通告された。昭和十五年（一九四〇）九月二十七日には、日独伊軍事同盟条約が結ばれた。

日本は不可侵条約を提案し、ソ連は中立条約を主張の結果、昭和十六年（一九四一）四月十三日に日ソ中立条約が調印された。その直後の六月二十二日、独ソ戦が勃発した。

6　泥沼の日中戦争へ

関東軍は、日露戦後ロシアから獲得した旅順・大連などの関東州と、中東鉄道南支線（南満州線）との防備のためにおかれた軍隊である。満鉄爆破を中国軍のしわざとして遼寧《りょうねい》省の奉天（藩陽）にあった張学良の根拠地を占領した。そのころの張学良は東三省（遼寧・吉林《きつりん》・黒龍江）の支配者で、南京を首都とする蒋介石と良好な関係にあった。

昭和十三年（一九三八）四月一日公布された国家総動員法は、人的・物的資源の統制・運用を政府に白紙委任するに等しいもので、議会を超えてこの法律に基づく勅令による統制がはじまった。

社会大衆党は日中戦争開始と同時に「聖戦協力」を表明したが、昭和十二年（一九三七）大会では綱領を改めて階級闘争を放棄し、国家総動員法をはじめ政府の政策を支持した。労農派に属する活動家や学者四〇〇名が検挙（第一次人民戦線事件）され、無産党・労働組合全国評議会（全評）は解散させられた。全日本労働総同盟（全総）は昭和十一年（一九三六）一月に全労・総同盟一〇万の組合員で結成されたが、翌年の大会ではスト絶滅・戦争支持を決定した。

全農も挙国一致体制に応じ、人民戦線事件ののち昭和十三年（一九三八）二月六日に他の農民組合と大日本農民組合を結成して、社会大衆党支持反人民戦線の運動方針を掲げた。

7　太平洋戦争

昭和十六年（一九四一）十二月八日、日本軍は米英に対して宣戦を布告した。しかし緒戦の勢いは、十七年六月のミッドウェー海戦で主力空母を失ったことが戦局逆転のきっかけとなった。昭和十八年（一九四三）二月にドイツ軍が敗北し、九月にはイタリアは無条件降伏した。

国内では戦時体制の再編成と統制の強化がおこなわれ、産業は軍事工業中心となり、学徒動員や勤労動員、鉄・石油・ボーキサイトなど戦時重要資源や生活用品までも欠乏した。

十一月には東京で中国（汪政府）・フィリピン・タイ・ビルマ・満州国の首脳を集めて「大東亜会議」を開催し、「大東亜共同宣言」を発表した。

十九年二月、東条首相兼陸相は参謀総長を、島田海相は軍令部総長を兼任して政戦両略の統制に努めた。

昭和二十年（一九四五）八月十四日、ポツダム宣言を受諾して十五日に無条件降伏した。

第二次世界大戦の交戦各国の兵員・一般市民を合わせた死者は二二〇〇万、負傷者は三四〇〇万と見積もられ、太平洋戦争による日本の被害は軍人軍属市民を合わせて二六〇〇万といわれる。

【参考文献】

『日本史概説』森克己・竹内理三編　一九六七年　塙書房
『入門日本史』阿部真琴他編　一九六六年　吉川弘文館
『国権と民衆の相剋』江村栄一・中村政則編　一九七四年　三省堂「日本民衆の歴史六」
『昭和史』半藤一利　二〇一四年一五刷　平凡社
『それでも日本人は戦争を選んだ』加藤陽子　二〇〇九年　朝日出版
『全国戦災史実調査報告書　平成二十年度』二〇〇九年　社団法人日本戦災遺族会
『近代日本の戦争の歴史』山田朗　二〇〇六―二〇一二年　都老協社会生活大学講座要旨
『日本歴史大辞典』二〇〇〇年　小学館
『ブリタニカ国際大百科事典』二〇一三年　ブリタニカジャパン
『日本史年表』一九七一年　歴史学研究会　岩波書店

Ⅲ　近代日本社会の潮流と農業

一　日本社会の潮流

1　社会問題の発生

社会問題は生活問題である。生きることの営みの場において主張されることによって問題化する生活問題である。その生活問題の連鎖や伝播が社会問題である。したがってそれは、必然的に政治問題化する。しかしこのような見方は幕末動揺のなかで‚学問‘に接することができる者の間でいえることであった。

大多数を占める農民階級にとって一揆や打ちこわしの行動は、切迫した窮状を凌ぐために年貢や借財を猶予して欲しいという要求であった。それゆえ共通する領主・村役人・豪商・豪農などに対しての限られた集落に発生するもので、他の地域との連帯ということはなかった。

天保のはじめから天災と凶作とがつづいて、米価など物価が暴騰し、百姓一揆と打ちこわしが多発した。天保七年（一八三六）、八年にはいずれの年も二〇件以上の一揆が起こった。このエネルギーは大きかったが、封建制度そのものの否定や、その先の新たな体制構想というものはなかった。

たとえば史上最大規模といわれる嘉永六年（一八五三）の南部藩三閉伊一揆にも見ることができる。老人女子供をともなった二万数千人が、八〇kmも比較的整然と進んだ末に越境したのだった。首謀者三浦命助は一揆後に諸国をめぐり、京都二条家の家臣になって南部藩にもどった。つまり、藩主交替や幕府直轄あるいはその上の権威に依存して要求を実現する、という構想の域を出ることはなかった。

こうした生活からの要求も幕藩体制の杞憂も、多くの場合経済問題に帰着すると受け取られていたから、幕府支配層は西洋思想を曲がりなりにも幕藩体制の改革の要素のひとつとして考えてはいても、幕府独裁を藩会議の形態にしようとする程度のものであった。

しかしそれすらも確立できないうちに、老中阿部正弘が国論統一と幕府への支持強化のためにとった公論の措置は、混乱のはじまりともなった。アメリカのペリー司令長官がフィルモア大統領の国書を携えて浦賀に入港して開国を求めたとき、回答を翌春に約して退去させた阿部正弘は、大名以下陪臣に至るまで広く意見を求めた。このことは幕府としての権威を低下させたうえ、鎖国・開国論が沸騰して、政治に朝廷や外様が関与する契機をつくることにもなった。

そして維新政権は慶応三年（一八六七）十二月九日の王政復古宣言で発足した。江戸幕府を廃して政権を朝廷に移したのである。しかし藩はまだ存在していて、この新政府発足は藩制を基盤とした公議政治であった。

とはいえ施政方針として慶応四年（一八六八）三月、「一、広ク会議ヲ興シ、万機公論ニ決スベシ。一、上下心ヲ一ニシテ、盛ニ経綸ヲ行フベシ。」などの五箇条の誓文を発した。

公議には手間と暇とを要する。その古い形態を数世紀来つづけられていた対馬で、三日三晩にもおよぶという集落の寄合いの様子を、民俗学者宮本常一が書き残している。

組織や思惑が複雑に絡んで、しかも時機を失しないように考えざるを得ない新時代における公議は、実りが得られずに瓦解や亀裂を深めるだけに終わることも多い。したがって多くの場合は、あらかじめ結論が定まっている。

五箇条の誓文もそれであった。西欧民主主義を装いながら実質は列藩会議を否定し、諸勢力を政府に帰服させせようとするものであった。国家目標は中央政権の確立にあったから、公議よりも行政権の集中が必要であった。だから岩倉・木戸らの憲法認識は、国民の自由や権利の保障にはなく、国家統治強化のための基本法にあった。

これを官僚独裁政治‚有司専制‘として板垣退助らの民撰議院設立建白は、不平士族の支持を得、自由民権運動の先駆けとなった。

黒船襲来の話は全国の庶民にまで知れわたり、西洋の技術や思想の優れていることを感じていた。それだけに、五箇条の誓文やそれにつづく身分制度の廃止など一連の改革は、庶民に大きな期待をもたせた。明治初期の政治体制の変動による大衆の混乱や窮乏の状況は政治問題として扱われていたが、やがて社会問題として、政治問題の大きな部分を占めるものとして、認識されるようになってゆく。

このことは江戸時代の幕府・藩主・旗本などの領主が担っていた地方分権的統治の形態が、天皇を頂点とする藩閥政府に集約されることを意味する。すると国民の要求相手が全国共通になるわけで、運動の成果には庶民の連携ばかりではなく、地主や知識層の資金力も、思想的影響も大きくなっていった。

2　自由民権運動の展開

明治六年（一八七三）、政府内で朝鮮に対する政策をめぐる対立が起こった。このときの政策の最終決定は、大久保利通らの工作によって決着した。これに反発して政府を去ったのが、西郷隆盛と板垣退助・後藤象二郎・副島種臣・江藤新平である。

板垣らは明治七年一月、民撰議院設立つまり国会開設の建白書を政府に提出した。藩閥官僚を批判し、民撰議院設立、憲法制定、地租軽減などを提起した。これが自由民権運動の発端となって、板垣は故郷高知で政治結社「立志社」を設立した。その後各地に政治的結社ができ、明治八年には全国的な連合組織「愛国社」がつくられた。

いっぽう西郷隆盛は明治十年（一八七七）、特権を奪われた士族と反乱を起こした西南戦争で命を絶った。そして士族たちの反政府運動は、自由民権運動へと合流することになる。

郷区町村編成法・府県会規則・地方税規則のいわゆる地方三新法が明治十一年三月に創設されると、豪農商層の政治に対する関心をよびおこし、地租改正反対運動を基軸に自由民権運動へ向かうようになっていった。地主は自己の取り分が減少することを心配し、自作農は重租により小ブルジョア化が阻害されること、小作は地主の負担転嫁に対する危惧、というそれぞれの思惑があった。

そして明治十三年（一八八〇）、全国二四の団体を結集して国会期成同盟が結成された。

西南戦争の戦費をまかなうため、多額の紙幣を発行すると物価が急激に上昇して、深刻な財政難に陥っていた。これの対応にあたった大蔵卿の松方正義は、増税や官営事業の払い下げによる歳入増加と、歳出の切り詰めをおこない、紙幣を回収するデフレ政策をとった。

明治十四年(一八八一)の松方デフレ政策と軍備拡張策で、税負担が前年よりも二五%増になっていた。生糸や太織《ふとおり》の好況は明治十四～十五年を頂上として、価格が二分の一まで急落する。さらに明治十六年～十七年の農作物の凶作も重なって、畑作反当り収入九円一五銭が明治十七年には九四銭になった。

農地面積にたいする小作地率は、明治十六年に三六%であったが、三十六年(一九〇三)には四四・五%、明治三十二年(一八九九)の自小作・小作農家戸数は全農家戸数の六四・二%を占めていた。租税負担の増大は各地に公売処分を受ける者を続出させ、明治十六年(一八八三)に三万三八四五人、翌年には七万人を越え、明治十八年には一〇万八千人に達した。そのため、明治十七年の耕地を抵当にした全国負債総額は二億円で、政府の経常歳入の二・五倍に匹敵する額に達した。成長しつつあった農村産業は、政策不況によって壊滅状態に追い込まれていった。

やがて農民運動と自由党左派の民権運動とが合流するようになり、明治十五～十九年にかけて、高田・群馬・秩父・加波山《かばさん》・飯田など各地で暴徒化した。その典型が秩父事件であった。暴走する運動の展開につれて、豪農・大地主は民権運動から離れていった。

3　社会主義思想のひろがり

明治二十五年(一八九二)の自由党左派による社会問題研究会、明治二十九年の社会学会や東京帝大の社会政策学会、そして知識層の集まりである社会問題研究会は明治三十年に設立された。それらの中から社会主義を志す人々による社会主義研究会が生まれ、この会には片山潜・木下尚江・幸徳秋水らがいた。

明治三十四年（一九〇一）に社会民主党を結成したが、即日禁止が命じられた。そして片山の活動は停滞する。代わって、堺利彦・内村鑑三とともに万朝報記者であった幸徳秋水が社会主義運動の中心となる。

明治三十六年、万朝報が日露主戦論に転じたときに、退社して平民社を興した幸徳秋水は、ロシア社会党によびかける書簡を公表したり、トルストイの非戦論批判、共産党宣言初の翻訳などを週刊平民新聞に掲載した。そして堺・幸徳・西川は投獄され、明治三十八年（一九〇五）の平民新聞廃刊から平民社解散に追い込まれた。

明治三十九年、日本社会党が認可されて片山らは議会政策主義をとったが、無政府主義的傾向をもつ幸徳らとの対立から、翌年一月に発刊したばかりの日刊平民新聞は四月に廃刊し、党は政府によって解散させられた。

このころ明治三十年（一八九七）から四十年（一九〇七）にかけて、足尾銅山・三菱長崎造船・幌内《ほろない》炭鉱・別子銅山などの労働争議からストライキや暴動が起こった。

田中義一内閣の昭和三年（一九二八）三月十五日に日本共産党員らの一斉検挙で四八八人が起訴された三・一五事件、翌年四月十六日には逃亡者の検挙で治安維持法違反による投獄がつづいた。

浜口内閣のときも昭和五年二月、民政党が政友会に一〇〇議席大差で勝った十六日に、一五〇〇人が検挙され、四六一人が起訴されていた。

4　日露戦争後の負担

日露戦争の動員兵力一〇九万人は、常備兵力の五倍であった。戦死者は日清戦争の一〇倍の八万四千人、死傷者は二〇万以上、疾病で倒れた者一七万人にのぼった。また、戦費は一七億二千万円、日清戦争時は二億円であったが。

国家財政は困窮の度を増し、非常特別法として二・五％であった田畑の地租が五・五％に、市街地では二〇％に増税されていたが、ロシアから賠償金が得られなかったことによって、増税は恒久法として固定されてしまった。

明治三十年（一八九七）に国民一人あたりの国税負担額が二円七銭だったが、明治四十年（一九〇七）には三倍の六円二二銭、地方税が一円二二銭から二円五二銭に倍増した。

5　第一次大戦後の社会生活

大正三年（一九一四）に一一億円の債務国であった日本が、大正九年（一九二〇）には二七億七千万円の債権を有するほどになった。大正八年の貿易総額は大正三年の四倍近くにも達していた。

このような国際収支の好転は、連合国の兵器など軍需品の日本国内生産輸出や、欧州商品が東洋市場に流れなくなっていたことによる、国外市場の一時的な拡大に依存していたのである。

従業員千人以上の工場は、大正三年に全工場数の〇・二七％で従業員数一七％であったが、大正八年

（一九一九）にはそれぞれ〇・三八％と二二・二％、資本金五〇〇万円以上の会社総数は〇・三七％で資本金総額の三八・六％だったが、それぞれ一・七％と五三・六％になった。

大正八年から九年にかけても、生糸・紡績・織物・造船などの好況はまだつづいていて、外国からの復興資材の需要もあったものの、外国市場の回復が早かったので、日本経済は大正八年には輸出超過から輸入超過に変じた。

そして戦時景気による物価高騰が、庶民の生活を圧迫することになった。

反動恐慌は大正九年三月の株式大暴落にはじまり、アメリカに広がった。

いっぽう、大正元年（一九一二）から鈴木文治の友愛会が社会事業運動を開始していたが、戦争の影響が生活に波及するにともなって、社会主義的性格を強めていった。大正八年、大日本総同盟友愛会と改称し、労働組合運動の自由、幼年労働の廃止、最低賃金制度の確立、八時間労働と一週間四八時間制などの主張を決議した。この内容はベルサイユ平和条約第十三編に掲げられた労働条項で、この条約に基づいて国際労働機関（ＩＬＯ）が設けられていた。

自由民権運動の退潮とともに、社会問題の解決の場は政治問題の色彩が強くなり、しかもどぎつい対立の色合いになると、弾圧と暴動の局面が多くなって、その傾向は学問思想の域までおよぶようになった。ますます先鋭化し理論化するプロパガンダの世相に、農民は翻弄されるばかりで、生活問題の解決からは取り残されることになる。

そうした間隙に、自らも農民出身で農村の実状を理解できる軍人たちが、政治家の手法にしびれを切らして、介入する場面が多くなっていった。

6　農山漁民の味方

昭和七年（一九三二）四月、政友会三〇一議席、民政党一四六で、第一党に政友会が返り咲いた選挙のときの全国労農大衆党は「服務兵士家族の国家保障」をスローガンに掲げた。この出征・在営中の兵士の解雇や不払いに対する要求は、すでに陸軍省が努力していた。

また、農業人口は四六・八％を占めていたが、普通選挙によっても小作法は帝国議会を通らない、政党も救済対策をとりあげてくれない。そうした社会構造のなかで、身近な存在が軍人であった。

昭和九年（一九三四）『政治的非常事変勃発ニ処スル対策要綱』に農民救済策が盛られ、陸軍統制派の永田鉄山が陸軍省軍務局長のもとで作成した小冊子『国防の本義と其強化の提唱』では、「農山漁村の疲弊の救済は最も重要な政策」と位置づけた社会主義的構想をも盛り込んで、目指すべき統制的な高度国防国家が示されている。

これは陸軍省新聞班が編集発行した小冊子のひとつであるが、'陸軍パンフレット'というと『国防の本義と其強化の提唱』を意味するほどに問題となった冊子である。民政党や政友会、美濃部達吉らが軍の政治関与として反対したからである。

義務教育費の国庫負担、肥料販売の国営、農産物価格の維持、耕作権などの借地権保護から労働組合法の制定、労働争議調停機関の設置などが掲げられた。

農村疲弊の原因を世上の議論から要約すると以下の一一項目になるとの認識を示している。

①　農産物価格の不当ならびに不安定

② 生産品配給制度の不備
③ 農業経営法の欠陥と過剰労力利用の不適切
④ 小作問題
⑤ 公租公課等農村負担の過重と負債の増加
⑥ 肥料の不廉
⑦ 農村金融の不備（資本の都市集中）
⑧ 繭、絹糸価格の暴落
⑨ 旱、水、風、雪、虫害等自然的災害
⑩ 農村に於ける誤れる卑農思想と中堅人物の欠乏
⑪ 限度ある耕地と人口の過剰等

これらを解決するためには、「都市と農村との相互依存と国民共存共栄の全体観とに基き経済機構の改善、人口問題の解決等」が必要であるとともに、「農村自身の自律的なる勤労心と創造力の強化発展」が必要であることを述べている。

これらのことによって、農村における当時の問題を知ることができる。このほか多岐にわたっていて、のちに軍部主導の情勢が実現したときの状況を予告したものともいえる。

7 大正デモクラシー下の日本軍隊

第一次世界大戦中に起こったロシア革命やドイツ革命に、軍隊の反乱があったことを教訓として、陸軍将校の親睦研究組織である偕行社が大正七年（一九一八）におこなった講演で、砲兵少佐時乗鶴松はロシア軍の崩壊の原因を、時代遅れの圧迫政策に対する反抗や、軍の形式的教育にあったと指摘している。陸軍少将村井多吉郎も同じように『軍隊教育の研究』で、上級者が部下に対して人格を無視し過酷な対応をすれば、部下の不平が軍隊を崩壊させる、と述べている。

歩兵大尉本間雅晴は『参戦諸国の陸軍に就て』で、ロシアの軍紀厳正はドイツ軍以上で、「上級者の言に対し下級者は事の善悪、公私の別を問はず絶対無条件に聴従して寸毫も悖《もと》る所なく、上官の言は上官の言なるが故に善にして、上官の行為は上官の行為なるが故に是であると認め、下級者は何等の反抗なく、何等の自覚なく、唯々諾々之《これ》に服し」ていたという。また、日本では「軍隊自身の空気を社会に拡大する事に努めたが、社会の空気を軍隊に吸収することを喜ばなかった」と述べ、「軍隊の目的は戦闘に在る、戦闘に緊張せしめんと欲せば内務を緩和せよ」として、一挙手一投足に必要以上の細則を設けて規制していることに異論を唱え、考えて判断できる軍人の育成を提言している。

他方では、第一次世界大戦の状況調査のために大正八年（一九一九）、陸軍部内に設けられた臨時軍事調査委員会が、大正デモクラシー下の言論思想の動向に注目していた。陸軍省新聞班は軍事思想の普及や世論の誘導も目的としていた。

結局、国民は資金も物資も枯渇するなか、精神的なゆとりまで奪われていったのである。

【参考文献】

『南部百姓命助の生涯』深谷克己　一九八三年　朝日新聞社

『宮本常一』二〇〇八年　筑摩書房
『政治的非常事変勃発ニ処スル対策要綱』一九三四年（出版者不明）
『国防の本義と其強化の提唱』一九三四年　陸軍省新聞班
『大正デモクラシー下の日本軍隊の思想動向』遠藤芳信　一九八一年　青木書店「歴史学研究」

二　農業の近代化

山口家の開明的な家風は幕末維新期をつぶさに見聞した七代作助から伝えられていたもののようである。その開明的な篤農家としての気質は、一〇代左右平にも受け継がれた。山口左右平は産業組合から帝国議会に舞台を移してからも、農政議員として活動していた。

ここではまず農業の概況を、それから柳田国男・石原莞爾・宮沢賢治という異色の三人の角度からも農を眺めてみることにする。

食糧の確保は動物が生存を継続するうえでの必須条件であることはいうまでもなく、これをもって農業を本位とすることから，農本主義，の言辞が生まれたもののようである。これは由来からしてまったくの基本的な用語で、さまざまな意味合の農本主義を含むことになる。その産物は幕藩体制下においては、たんなる食糧ではなく年貢であり、領主にとっては財源であった。

ところが凶作による飢饉で、為政者の経済どころか耕作者の生存をもおびやかすような事態がたびたび生じた。それが原因で一揆や打ちこわしが多発し、社会体制を揺さぶった。したがって安定収量・増収や備蓄についての工夫や努力は、いつの時代にもあった。

地主のなかでも篤農や老農といわれて、農業改善に熱心で知識や技術を部落に導入する力をもった者を中心に、地縁・血縁による情報共有や共同作業の小集団が、各地に形成されていた。地頭・領主の意向もあり、とくに領地内外の情報交換の支援は有益であった。

しかし、それらはごく小規模なものであった。同じ村や部落であっても、地主が異なったり、部落・村境を越えて耕地が点在することも少なくなかったからである。

明治になって村落単位の行政が農政にもおよぶようになると、旧来の共同単位が新行政区分の枠を跨いだり、細分化したりするような例が生じた。これは、農事組合組織の改編のつど問題になった。

農業の役割が、安定社会のための食糧確保という点では、変わることがなかった。それに加え、開国によって農産物も世界経済の循環の中に組み込まれたことから、農産業という役割も担わされることになった。つまり富国の一要素となり、強兵を養う文字通り糧《かて》としての重要性が増して、定量確保と増産収量の必要性は誰もが認めるところであった。

このように農本の意義が広がるにつれて、なにを主目的とするか、どんな手法で目的を達しようとするのかによって、農政の取り組みが異なってきた。

幕政時代には、実践者である農民に直結した二宮尊徳（一七八七―一八五六）の活動は関東を中心に広く知られ、報徳社として組織的に継承されていった。

それより一世紀も以前に荻生徂徠（一六六六―一七二八）や安藤昌益（一七〇三―一七六二）らの主張があった。

また広島藩生まれの宮崎安貞（一六二三―一六九七）は、筑前黒田忠之に数年仕えたのち、四〇年にわたって農業の実践と指導にあたり、貝原益軒の協力を得て中国の『農政全書』も参照にした全一一巻の『農業全書』を、元禄十年（一六九七）に京から版本で出していた。奥州でも貞享元年（一六八四）に佐瀬予次右衛門の『会津農書』など、全国各地で研鑽流布されていた。

こうした背景があって明治初期の篤農家は、技術改良や普及に幕政時代よりも大きな役割をはたした。それは政府による全国的な一貫した勧農政策に呼応して進められた。

やがて欧米で見聞を得て帰国した人、駒場農学校や札幌農学校で学んだ人々が、種々の農政論を展開するようになると、篤農家も旧習に固執する者と開明的な者とに分かれるようになっていった。

農業技術の普及を含めた農事協同のあり方が問われる情勢になると、組織改編・統合を図りながら協同組織の統制を目論む中央と、旧習の篤農家との溝はなかなか埋めがたくなった。結局のところ政治・軍事・経済・文化の統制の進行よりも農事組織の統合が遅れたまま、太平洋戦争終結になった。

1　柳田国男の農業経済政策

明治政府の富国強兵の農本主義は政治体制が安定するにつれて、農業分野への科学技術の導入、すなわち品種・土壌・農機具などの改良から省力化へと具体化していった。

この時期、農政に重要な提言をしてきたひとりに、柳田国男を挙げたい。

柳田国男（一八七五―一九六二）は明治三十三年（一九〇〇）に東京帝国大学法科大学政治科を卒業し、大学院に籍を置きながら農商務省の官僚となった。

労働問題や農民問題を社会問題としてとらえて国の政策課題とする経済学で、卒業論文は「三倉沿革」であった。「三倉《さんそう》」は義倉・社倉・常平倉《じょうへいそう》のことで、飢饉に備える備蓄の倉のことである。指導教官の松崎蔵之助は農科大学で農業政策学を担当していた。

イギリス法を専攻していた柳田は、大学で農業関係を学ぶつもりでいたが、松崎が法科大学に転任したので、彼も法科大学に進んだ。

一〇歳の明治十七年（一八八四）に、兵庫県神東郡から引越した葛西郡で飢饉を目撃したことが、のちに農商務省と民俗学へ向かうことになる。

酒匂常明課長の農政課に配属された柳田国男は、制定されたばかりの産業組合の啓発普及活動に従事することになった。この年に産業組合法が制定されたのであった。

駒場農学校（東京大学農学部の前身）出の酒匂は、警官動員も辞さない強権的、補助金による誘導的な政策を主張する生産優先の立場で、柳田との軋轢は表面化していた。

このころから柳田は、早稲田大学で農政学の講義をはじめた。

明治三十五年（一九〇二）、法制局へ異動になった柳田は、筆頭参事官にまでなった。そして農商務省や内務省の嘱託、産業組合中央会等々の肩書きで各地に出張し、講演方々視察してまわっていた。このことが、のちのち民俗学創成の基礎となった。

明治四十三年（一九一〇）、内閣書記官室記録課長兼任となる。この年に『遠野物語』を刊行し、新渡戸稲造の「郷土会《ごうしかい》」にも参画した。

大正三年（一九一四）、貴族院書記翰長《かんちょう》に就任した。これは貴族院という立法府の事務局の長で、行政府でいう次官と同格の高級官僚ということになる。

大正八年（一九一九）に退官し、翌年から昭和七年（一九三二）まで朝日新聞社の論説委員を務めた。

大正十年（一九二一）には国際連盟委任統治委員会委員としてジュネーブ会議出席のため、五月から十二月まで米欧英に滞在した。

大正十三年（一九二四）、慶應義塾大学史学科で民俗学講義をはじめた。

柳田の農政は、自由主義的な立場から小作農を商品生産に取り込むことで、小作農の規模拡大を図る借地農業を進めようとするものであった。以下に柳田農政の主旨を見よう。

市場に向けて生産・販売し、肥料・農機具・生活用品を購入する。となると市場経済や地域経済に関する経済知識が必要となるから、農業教育の場として柳田が期待したのが産業組合であった。

柳田によると、産業組合の組合員は農業者と工業者が、商業活動・金融活動をおこなう場である。したがってこの産業組合での活動が、農民にとっては商業教育・金融教育にもなる。と同時に、農民が協同組合を通して地域内での販売活動をおこなうことで、生産者価格と消費者価格とが接近することになる、というのである。

いっぽうでは、老農支配の部落農会に農事改良が遅々として進まないことへのいらだちから、種苗選択・害虫駆除など結果の明らかなものすら行なわれない現状に対して、農事改良を早急の国是と位置づけ、警察力を行使するというのも理解できる、とも記している。

大地主は自作をやめ、小農はますます小さくなり、中農がなくなって小作農が増加傾向にある現状に、柳田は農家のすべての規模を二町歩以上にすることを理想としている。零細農家が土地を失って雇用労働者になり、賃金の高い所を求める不安定な社会状況は、国政の基礎を危うくする、ともいう。

そして自立自営できるようにするためには、販路市場や競争国の貿易趨勢などについての国の対策が必要であるとしながらも、保護関税の期間に競争力を養うという確信のないような補助金政策を批判している。

農事教育は成功しつつあり、試験場の公開や講演によって短期講習生が農家の戸主になっている。しかし、知識の普及は生産技術に偏重していて経営組織には疎いとして、各地に模範農場を設け、生産試験場のほかに経済の試験場を設けるべきだ、という。

農家数を削減して独立自営に必要な農場を確保する。その中農の中核を構成するのは数百年来、田に居住し、親代々土地を所有し、昔も今も未来も国民の中堅を構成する地主にある。小農は市場への売主としても変動する市価に翻弄されるばかりで、その資本が小さいために、回収に走って売り急いで仲買人に苦しめられている。と、篤農家や自耕地主の見識に期待する。

取引のための協同組合を設けるなり、適当な問屋を選定することが必要で、いずれにしても予め販路の有利かつ安全を図らなければならない。

不動産として売買の対象になった土地を所有するだけの不在地主ではなく、いわゆる篤農家は広い交際があって産品・販路・金融など経済情報に通じているから、農業の中心となるのだ。と、ここでも開明的な篤農家に期待するのである。

土地の分合交換を促進すること。そして中農場の数が増加すれば農労働者の余剰を生ずる。粗製品・半製品を輸出して、高価な外国の労働で成った物を輸入している現状を見れば、製造業に労働力を振り向ける余地がある。

不作時の旧来の慣行については、「近年の小作紛争の多くは地主が減米を自由な恩恵と考え、小作人は当然の権利とするに基づくとすれば、これは小作の方に無理がある」とし、物納ではなく金納法に改めるべきだという。それには「豊凶で異動させないことを保証してできるだけ有利な条件で契約することである。その担保方法として小作組合あるいは信用組合その他相互融通の道をもって地主に信用を得る」ことだ、とするいっぽうで「本来農村金融は中以上の農業者のために始まったものではないのに拘わらず、未だもって小作農に恩恵がない。国や府県も産業組合の普及を図るのに、今のように町村の中産以上のものばかりを相手にしてはならない」と、政府の農政を批判している。

また農事改良が進まないのは、農民の意識にも問題があると指摘する。とくに農機具や畜役など、農事改良に必要な資金の借り入れを嫌う根強い意識があり、「倹約の法が奢侈禁止法が、生産拡張や借金を忌み、生活向上心を阻害し、現状維持の風土をつくった」という。

農産物の価格を左右するのは生産者ではなく市場だから、農業にも簿記の知識が必要な時代だと述べ、そうした努力の末に増産が可能になったとしても、その利益の分配均衡が農業政策には重要である、と結論づけている。

2　石原莞爾のこと

一般的には民俗学の生みの親としてひろく知られている柳田国男、その人の優れた農政官僚の他面を追跡してみた。次もまた、満州の暴虐武人のイメージが浸透している石原莞爾と、農業とのかかわりを取り上げよう。

石原莞爾《かんじ》（一八八九―一九四九）は大正七年（一九一八）に陸軍大学校を卒業し、会津若松連隊中隊長から教育総監部勤務となった。この年、田中智学主宰の国柱会《こくちゅうかい》会員として日蓮宗信仰に入る。漢口へ駐在武官として赴任後、大正十一年（一九二二）から三年間ドイツに軍事研究のため駐在して、ナポレオンなどの戦史やルーテンドルフの総力戦論などを研究した。これらに日蓮の予言を統合して、世界最終戦争論を提唱することになる。

陸軍大学校教官などを歴任後、昭和三年（一九二八）、関東軍参謀になると、満蒙領有を計画し、昭和六年（一九三一）の柳条湖事件から満州軍事占領を指導した。

この間、漢民族の日本軍への協力ぶりから、中国人の力量を再評価し、占領論から満州国独立論に転換した。そして「五族協和」「王道楽土」の建国を指導する。

その後ジュネーブ軍縮会議随員として渡欧し、昭和十年（一九三五）、参謀本部作戦課長になった翌年、二・二六事件を鎮圧した。昭和十二年には第一作戦部長に就任すると、華北分離工作や盧溝橋事件に対して、戦争不拡大方針を主張したが、受け入れられなかった。この主張は、持論の最終戦争論に基づく総力戦準備や生産力拡充計画を先行させるためであった。

参謀本部作戦課長などを経て、日中戦争勃発時（一九三七）には参謀本部作戦部長であったが、ここでも対ソ戦準備を主張して戦線拡大に反対し、東条英機ら軍部主流との対立によって関東軍参謀副長に左遷された。昭和十三年（一九三八）に辞表を提出し、昭和十六年に退役、中将で予備役となって郷里山形県の鶴岡に移住した。

石原の最終戦争論の構想の下、昭和十四年に東亜同盟が発足すると、その会員は一〇万とも二〇万ともいわれ、月刊誌『東亜連盟』は板垣征四郎・近衛文麿・米内光政・宮崎正義・加藤完治・三木清・尾崎士郎・児玉誉士夫らも寄稿するという盛況ぶりであった。

東亜連盟は、日中満三国の政治的独立・経済の一体化・共同防衛を基本として欧米の侵略に対抗し、最終戦争に備えるという狙いがあった。東亜連盟協会として政治結社を意図したものであったが、東条政府の解散命令によって昭和十七年（一九四二）、東亜連盟同志会として思想団体に改組した。山形に拠点を置き、南京に王兆銘を会長とする大陸の拠点も結成された。

戦後、山形県酒田近くの西山農場を同志とともに開拓して、日蓮を仰ぐ新しい共同生活の村づくりをはじめた。昭和二十二年（一九四七）に極東国際軍事裁判酒田法廷に証人出廷するときには、病床にあった石原を、曹寧柱ら五人がリヤカーで鶴岡から運んだという。

日蓮主義を中心に据えた講演・出版活動を通じて、国家主義を展開していた田中智学が主宰する国柱会《こくちゅうかい》に石原が入ったのは大正九年（一九二〇）、漢口赴任を前にしてのことであった。

それまでの石原は国体についての確信はあったものの、兵や国民、世界をも納得させるほどの自信がなかった。日蓮上人の「前代未聞の大闘諍―閻浮提《えんぶだい》に起るべし」と、田中のいう「世界統一の天業」が石原の軍事研究に不動の目標を与えた。

石原の世界最終戦争論は端的に言えば、トーナメント戦である。当時韓国は日本であったから、日中でソ連に勝ち、その決勝で東西の優として勝ち残った日米の最終戦になる。そして天皇の下に世界が統治され、人類に戦争がなくなるという。

日本の文明社会の精神的風土は、天皇を中心にして培われてきたと受け止め、

「西洋文明は自然と戦い、これを克服することに重点を置き、道より力を重ずる結果となり、科学文明発達には成功したが、社会道徳的には功利的道徳であり、人類文明の中心たらしむるに足るものではない。」

として日本の優位性を強調する。

しかし石原は「真理あっての国家であって、国家あっての真理ではない」とも述べ、必ずしも天皇を元首とするものでもないようである。世界統一ということであれば、民族主義的な色合いが強い神道よりも日蓮仏教が普遍的であるからで、晩年に具現化された西山牧場の村にそれを見ることができる。

「第一次欧州大戦中に、戦争持久の原因は西洋人の精神力の薄弱に基づくもの大和魂をもってせば速戦即決が可能であるという勇ましい議論も盛んでありましたが、真相が明らかになり、数年来は戦争は長期戦争・総力戦で、戦力のみでは戦争の決がつかないというのが常識になり、第二次欧州大戦の初期にも誰もが持久戦争になるだろうと考えていましたが、最近はドイツ軍の大成功により大きな疑問を生じて参りました。」

持久戦重視に傾いていた軍や政の主流が、ドイツの勢いを見てふたたび短期戦に変化してきたことを批判している。

「世界史上未曽有の大戦果を挙げ、フランスに対しても見事な決戦戦力を遂行したのであります。しからば果してこれが今日の戦争の本質であるかと申せば、私は、あえて「否」と答えます。」

また、私利私欲に走る満州国での日本人を戒め、

「時事新報記事の米国議員の「日本人ガ人種差別撤廃ヲ唱ヘル前ニ先日本人ガ支那ヤ朝鮮人ヲ平等ニアツカハネバナラヌ。ソレデナケレバ日本ノ正義ガ白人種ヲ動カス力ハナイ」トイフ意味ノ事ヲイッテ居マス。汗顔ニ堪ヘマセヌ。皇国ノ神聖ナル使命ヲ完ウスル為メニハ、先ヅ々我国民全部ガ正シイ民トナラネバナリマセヌ。」

「満州国建国八年余、民族協和の実現は仲々困難である。殊に現今のやうに日本の官吏や商人のみが多く満州国に入って居ることは、民族協和の為めに特に有利でない。役人は動もすると威張りたがり、商人は利に趨りたがる。自然と共に生きて行く所の純朴なる農民の大量を満州国に入れることが、民族協和実現の為め最大要件である。」そして「日本農民が建国の精神を十分理解して満州国に行ったならば素晴らしい」

と述べている。

石原はただ勇ましいだけの軍人ではなく、戦史・戦況を熟知して理想とする現世に仏国土を建設しようとの理想に向かっての生涯であった。

3　宮沢賢治のこと

詩人・童話作家であり、農耕実践者・技術指導者としても知られる宮沢賢治(一八九六―一九三三)は、

大正四年（一九一五）、盛岡高等農林学校農学科第二部（岩手大学農学部農芸化学科の前身）に入学し、大正九年に研究生を終了している。そして大正十五年（一九二六）まで花巻農学校に勤めていた。『春と修羅』の「序」にあるように、「サラリーマンスユニオン」の「絶えざる努力と結束で獲得しましたその結果」によって快適な教員生活を送っていた賢治は、大正十五年（一九二六）に退職し、「農民芸術概論綱要」をまとめて、秋には羅須地人協会をはじめ、畑を耕し、花を作り、施肥の指導をした。

「おれたちはみな農民である　ずゐぶん忙がしく仕事もつらい
もっと明るく生き生きと生活をする道を見つけたい」

と明るい農村の建設のために、

「近代科学の実証と求道者たちの実験とわれらの直観の一致に於て論じたい
世界がぜんたい幸福にならないうちは個人の幸福はあり得ない」

科学技術者としての視点と、求道者としての実践は、

「いまわれらにはただ労働が　生存があるばかりである
宗教は疲れて近代科学に置換され然も科学は冷く暗い
芸術はいまわれらを離れ然もわびしく堕落した
いま宗教家芸術家とは真善若くは美を独占し販るものである」

と、科学と宗教と芸術とを融合し、

「芸術をもてあの灰色の労働を燃せ
ここにはわれら不断の潔く楽しい創造がある」

活き活きとした仏国土を築いてゆく。

大正十五年（一九二六）四月一日の『岩手日報』朝刊に、

「現代の農村はたしかに経済的にも種々行きつまつてゐるやうに考へられます。そこで少し東京と仙台の大学あたりで自分の不足であつた『農村経済』について少し研究したいと思つてゐます。そして半年ぐらゐはこの花巻で耕作にも従事し生活即ち芸術の生がいを送りたいものです、そこで幻灯会の如きはまい週のやうに開さいするし、レコードコンサートも月一回位もよほしたい」

というインタビュー記事が掲載されている。その一〇か月後、昭和二年（一九二七）二月一日の『岩手日報』夕刊にも、羅須地人協会の紹介記事が載った。

「農村文化の創造に努む　花巻の青年有志が　地人協会組織し　自然生活に立帰る」

という見出しの記事である。

「青年三十余名とともに」「現代の悪弊と見るべき都会文化に対抗し農民の一大復興運動を起すのが主眼で、同志をして田園生活の愉快を一層味はしめ原始人の自然生活にたち返らうといふのである。」として、収穫物の交換や『ポランの広場』の上演、オーケストラ演奏会などを計画している。

しかしこれだけの記事が、社会思想活動の疑いをもたれて、花巻警察の事情聴取を受けた。このことに加えて健康状態が、その後の活動を不定期にしていった。

宮澤賢治の詩には、農業の過酷な労働や農民生活の悲惨な状況が数多くある。そのなかにあって、踏んばり食いしばる青年農民へ向ける賢治の真摯なまなざしは、大正十四年（一九二五）の「告別」、昭和二年（一〇二七）の「あすこの田はねえ」「法印の孫娘」などが印象的である。

その暗い農場をなんとか〝明るい芸術の農舞台〟にしようと、羅須地人協会をこの世に理想郷建設の基点と定めて、はじめたばかりであった。

宇宙や仏教にユートピアを描いていただけではなく、足下の土を耕し嵐のなかを走り回り、暗い現状を社会問題として改めようとする政治運動や産業組合活動にも、関心を寄せていた。

社会主義や産業組合などの字句が含まれている詩は、大正十三年（一九二四）から昭和三年（一九二八）ころまでのものがある。その部分だけを抜き書きしてみる。

「あれは有名な社会主義者だよ
　何回か東京で引っぱられた」（厨川停車場）

小さな町には、このように陰口される人がいた。

「きみたちがみんな労農党になってから
　それからほんとのおれの仕事がはじまるのだ」（黒土からたつ）

諦めて埋没するのではなく自覚する農民から、賢治の実践舞台が活発になる。

「労働を嫌忌するこの人たちが
　またその人たちの系統が
　精神病としてさげすまれ
　ライ病のやうに恐れられるその時代が
　崩れる光の塵といっしょにたうとう来たのだ」（労働を嫌忌するこの人たちが）

と、土から離れた不在地主を批判し、

「社会主義者が行きすぎる」（あそこにレオノレ星座が出ている）
「サキノハカといふ黒い花といっしょに
革命がやってくる
ブルジョアジーでもプロレタリアートでも
おほよそ卑怯な下等なやつらは
みんなひとりで日向へ出た蕈《きのこ》のやうに
潰れて流れるその日が来る」（サキノハカといふ黒い花といっしょに）
「真摯なる労農党の委員諸氏」（ダリヤ品評会席上）
「労働運動の首領になりたし」（まあこのそらの雲の量と）
労働者の味方であったはずが、そのなかでも地位を得ようとする人間が生ずることについて、賢治の組織というものに対する不信は根深いものがあった。
産業組合の活動が多岐にわたっておこなわれていた。
「部落部落の小組合が
ハムをつくり羊毛を織り医薬を頒ち
村ごとのまたその聯合の大きなものが
山地の肩をひとところ砕いて
石灰岩末の幾千車かを
酸えた野原にそゝいだり

ゴムから靴を鋳たりもしよう」（産業組合青年会）
「あの組合の倉庫のうしろ」（停留所にてスキトンを喫す）
「その服は
おれの組合から買ってくれたのかい」（野原はわくわく白い偏光）
「品種やあるいは産業組合や」（こっちの顔と）
「耕地整理をやるってねえ」（しばらくだった）
そして、組合の統合についてもふれている。
「北は鍋倉円満寺
　南は太田飯豊《いいとよ》笹間
　小さな百の組合を」（凍雨）

4　労農党・国柱会

ここで、労農党のことについてすこし整理してみたい。農民運動全国組織は、「農は国の基であり、農民は国の宝である」との農本主義の視点から農民救済を目指し、牧師から農民運動に転じた杉山元二郎と賀川豊彦が、大正十一年（一九二二）に結成した日本農民組合にはじまるといわれている。その綱領は、

「一、我等農民は知識を養ひ技術を研き徳性を涵養し農村生活を享楽し農村文化の完成を期す。
二、我等は相愛扶助の力により相尹《あいただ》し相寄り農村生活の向上を期す。

三、我等農民は穏健着実理合法なる方法を以て共同の理想に到達せんことを期す。」

であったが、小作争議の指導の過程で、組織の膨張とともに急進化し、対立分裂集合を繰り返すことになった。

大正十五年（一九二六）、杉山元二郎を中心に社会民主主義的な労働農民党を再編したが、これもまた左傾化して最終的には共産党の表看板的な政党とみなされ、昭和三年（一九二八）、三・一五事件で解散に追い込まれた。

賢治にかかわる〝労農党〟はこの〝労働農民党〟のことである。昭和三年の第一回普選のときに、花巻にできた労農党稗和支部の事務所開設や備品寄贈のほかカンパなど、賢治は陰ながら支援をつづけていた。また、羅須地人協会の会員にも、数名の労農党員がいた

つぎに、石原莞爾や坪内逍遥・高山樗牛・北原白秋・中里介山など多くの支持者がいた国柱会についてである。

日蓮宗徒であった田中智学は、国体顕現を強調した国柱会を主宰した。

その活動は多岐にわたり、医療活動では仏教信徒衛生会や施療機関、災害支援では磐梯山噴火・三陸津波・関東大震災などに対しておこなわれた。また智学は詩や戯曲も書き、文芸会も設立していた。

智学は明治三十六年（一九〇三）に、実行者（神武天皇）と指導者（日蓮）とを「一宇」として「天地一宇」が必要だとする世界統一観を唱え、のちに〝八紘一宇〟を普及させた。この言葉は、とくに昭和十二年（一九三七）の日中戦争以降頻用されるようになり、昭和十五年（一九四〇）七月に第二次近

衛内閣で閣議決定された「基本国策要綱」では、「皇国の国是は八紘一宇とする肇国の大精神に基づ」いて「大東亜の新秩序を建設することにあ」ると述べている。

この造語のもともとは、日本書紀の神武天皇に記されている「兼二六合一以開レ都、掩二八紘一而為レ宇」（六合《くにのうち》を兼ねて都を開き、八紘《あめのした》を掩《おほ》ひて宇《いへ》にせむ）によるもので、翼賛選挙後初の帝国議会における「決議案説明要旨」では「八紘為宇」であるが、一般的に「八紘一宇」が広く用いられた。〝八紘〟は大地の八方の果て、〝一宇〟はひとつの家を意味する。

大正九年（一九二〇）、賢治は国柱会信行部に入会し、生涯会員であった。翌年、当時上野鶯谷にあった国柱会を訪ねたとき、理事の高知尾智耀に〝詩歌の上に信仰が滲み出るような文学を〟といわれたことが、のちの賢治作品の契機になったといわれる。

国柱会の街頭宣伝を賢治がおこなったことについては異論があるようだが、それはともかく会員には機関誌『天業民報』が送られていただろうから、智学の国粋的な論調は読んでいたはずである。

しかし賢治にとっては、それよりも日蓮を中心にした智学の布教活動の手腕手法に触発されるところが多かったようである。

賢治の優れた科学技術者としての論理的な組み立ての手法は、社会の仕組みに適応させる段になると、詩人の感性に包み込まれて大きくなることはなかった。莞爾には一貫した決断実行があり、カリスマ的な吸引力があった。

【参考文献】

『かながわ昭和農業史』一九九二年　神奈川県農政部農業技術課
『日本農本主義の構造』武田共治　一九九八年　岩手大学大学院連合農学研究科
『柳田國男集』一九六九年　筑摩書房「現代日本文學体系」
『柳田国男』藤井隆至　二〇〇八年　日本経済評論社「評伝日本の経済思想」
『定本柳田國男集』第二八巻　一九七七年　一二刷　筑摩書房
「農政学」「農業政策学」「農事政策」
『定本柳田國男集』別巻第三　一九七一初　一九八二版　筑摩書房
『中央農事報』日本経済評論社複製版（一九七八）全国農事会
「中農養成策」柳田国男　一九〇四年　第四六～四九号
「小作料米納の慣習を批評す」柳田国男　一九〇七年　第八二～八三号
「保護論者が解決すべき一問題」柳田国男　一九〇七年　第九二号
『石原莞爾—愛と最終戦争』藤村安芸子　二〇〇七年　講談社
『イーハトーブと満州国』宮下隆二　二〇〇七年　ＰＨＰ研究所
『石原莞爾資料　国防論編』一九八四年　原書房
『最終戦争論』石原莞爾　一九九三年　中央公論新社
『世界統一の天業』田中智学　一九四〇年　天業民報社
『宮澤賢治に聞く』井上ひさし　二〇〇二年　文藝春秋

『宮沢賢治』山内修　一九九三年　河出書房新社「年表作家読本」
『新校本宮澤賢治全集』第一六巻（下）年譜篇　二〇〇一年　筑摩書房
『宮沢賢治全集』（一）二〇〇三年、（三）一九九八年、（一〇）一九九五年　筑摩書房「ちくま文庫」
『宮沢賢治研究　Ａｎｎｕａｌ』第六号　一九九六年　宮沢賢治学会イーハトーブセンター
　「歴史家の見た宮沢賢治」「賢治の国柱会とベジタリアン大祭」色川大吉
『宮沢賢治について』那須川溢男　一九六七年　岩手史学会「岩手近代百年史」
『宮沢賢治と社会主義運動』坂井健　二〇〇一年　佛教大学国語国文学会「京都語文」第7号
『日本書紀　巻第三』一九九一年二八刷　岩波書店「日本古典文学大系」

Ⅳ　山口左右平の生涯

一　左右平のいたころの京都帝国大学

大正十一年（一九二二）、厚木中学校を卒業した左右平は、昭和二年（一九二七）、静岡高等学校文科を卒業し、昭和五年（一九三〇）三月に京都帝国大学経済学部を卒業する。

この間、大正十二年（一九二三）九月一日には関東大震災が発生し、憲兵大尉甘粕正彦が大杉栄らを殺害するなど、政治・経済のみならず、社会不安が広がっていた。

このころアメリカでは、大正十三年（一九二四）に排日移民法が成立するなど、日米の摩擦もはじまっていた。

大正十四年（一九二五）には治安維持法が公布されて、社会の様相は法権力による弾圧というのっぴきならない状況にまで達していた。この法律適用の第一号となったのが、京都学連事件であった。京都帝大や同志社大を中心とした学生社会科学連合会が弾圧を受けた。

このころ大学・高校・専門学校などでは社会科学研究会が組織されるようになり、大正十三年（一九二四）には四九校が参加する学生社会科学連合会（学連）が発足した。またたくまに会員一六〇〇名の大組織に成長し、マルクス主義の普及・研究を標榜するとともに労働争議などへ支援もおこない、翌年七月には代議員による第二回全国大会を京都帝大で開催した。

その年の十二月、京都府警特高課は、京都帝大・同志社大などの社研会員の自宅・下宿などを急襲、家宅捜索および学生三三名を検束した。しかし京大寄宿舎で立会人なしの捜索をおこなうなどしたため大学当局の抗議にあい、府知事は陳謝し、ほどなくして全員が釈放された。

さらに大正十五年（一九二六）一月、今度は四か月にわたって京大二〇名、東大四名など全国の学生三八名が検挙された。同時に京大の河上肇や関西学院大の河上丈太郎らの家宅捜索がおこなわれた。これが最初の治安維持法適用事件であった。

昭和三年（一九二八）には三・一五事件といわれる共産党員の大検挙がおこなわれ、特別高等警察課や憲兵の思想係設置、治安維持法に死刑・無期懲役刑が追加されるなど、権力はますます余裕と自信をなくして、異論反論を直ちに腕ずくで屈服させるようになっていた。

昭和八年（一九三三）にも、京都帝国大学における思想事件があった。

刑法学の滝川幸辰《ゆきとき》教授を、『刑法読本』の内容が危険思想であると問題にされ、文部大臣鳩山一郎は四月二十二日、京大総長に対し、滝川に辞職勧告をおこなうよう命じ、五月二十六日に休職処分にした。これに対し、末川博ら法学部の全教官は、大学の自治を侵害するものとして抗議のため辞表を提出したが、文部省は七月に滝川・末川ら八教授を免官とした。

山口左右平が京都帝大在学のころの教員の顔ぶれをみよう。神戸《かんべ》正雄は明治十年（一八七七）～昭和三十四年（一九五九）の法学者・経済学者で、戦後は立候補して京都市長も務めた。明治三十三年（一九〇〇）、東京帝国大学法科大学政治科を卒業し、大学院で財政学を研究した。明治三十五年（一九〇二）、法科大学助教授、ドイツ・イギリスに留学して明治四十年（一九〇七）、教授になり、大正六年（一九一七）、法科大学学長に就任し、大正八年（一九一九）には独立分離した経済学部の教授、大正十年（一九二一）、経済学部長、昭和十二年（一九三七）の定年退官後、関西大学の学長に迎えられている。

小川郷太郎《ごうたろう》は明治九年（一八七六）～昭和二十年（一九四五）の財政学者であり、政治家でもあった。明治三十七年（一九〇四）、法科大学経済学部助教授になり、大正六年（一九一七）、第一三回衆議院議員選挙に当選、大正十三年（一九二四）、経済学部教授を辞職している。

哲学における京都学派といわれた田辺元《はじめ》や和辻哲郎《てつろう》もいた。

田辺は明治三十七年（一九〇四）、東京帝国大学理科大学数学科に入学し、文科哲学科を卒業して東北帝国大学講師ののち、大正八年（一九一九）、京都帝国大学助教授になり、教授であった昭和二十年（一九四五）、敗戦とともに辞職した。

和辻は明治四十五年（一九一二）、東京帝国大学文科大学哲学科から大学院に進み、東洋大学や法政大学教授を経て大正十四年（一九二五）、京都帝国大学助教授のち教授となり、昭和九年（一九三四）、東京帝国大学文学部倫理学教授を務め、昭和二十四年（一九四九）に定年退官した。

このようなときに京都帝大学生の左右平ではあったが、学内や世情に敏感な反応を示したような痕跡は見当たらない。国会議員時代の満州視察旅行の日記には俳句が記されており、また翼賛選挙立候補の千石興太郎《こうたろう》の推薦文にも、左右平の文学好きのことが書かれているが、傾倒するということはなかったようであるから、多感な青春期を穏当に通過したその沈着な性格は、生涯変わらなかったように感じられる。

【参考文献】

『京都学派の哲学』藤田正勝　二〇〇一年　昭和堂

二　産業組合中央会と左右平

1　左右平の産業組合中央会時代

昭和五年（一九三〇）三月に京都帝国大学経済学部を卒業した山口左右平は京都を引き上げ、四月から東京市にある産業組合中央会に勤務することになった。

そのころ帝国農会は丸の内に事務所をもち、産業組合中央金庫は独立ビルが予定されていた。しかし産業組合中央会や全国購買農業協同組合・全国販売農業協同組合は、牛込区揚場《あげば》町で、飯田橋駅近い

結婚式の記念写真（左右平と多恵子）

産業組合中央会会頭　千石興太郎の油彩肖像画（雨岳文庫所蔵）

汚穢《おわい》舟の臭気漂う飯田堀端にあったという。

やがて昭和十四年（一九三九）七月、地下一階、地上七階、建坪二八〇〇の産業組合中央会館が落成し、八月に麹町区有楽町一の一一へ移転した。陣頭指揮にあたった千石興太郎は、発行部数が飛躍的に伸びている機関誌『家の光』を資金源にしたのであった。

千石は明治二十八年（一八九五）、札幌農学校を卒業して大正九年（一九二〇）から産業組合中央会、そして昭和十四年（一九三九）には会頭になった。のちに貴族院議員や農相も務めた。

昭和六年（一九三一）七月、左右平は文部省主催の第一回蚕糸業講習会を終了して、農業技術の実際を身につけていった。満州事変の勃発した年である。

翌年十一月、左右平は松坂多恵子と結婚し、公私ともに着実に基盤を築いていった。

おりしも昭和恐慌期のさなか、疲弊しきった農山漁村経済更生の一環として、施策された産業組合拡充五か年計画（一九三三―一九三七）の初年から、左右平の活躍がはじまった。
「昭和八年一月ヨリ実施セラレタル産業組合発展史上画期的ナル第一次産業組合拡充五箇年計画及ビ昭和十三年度ヨリ展開セラレタル第二次三箇年計画達成運動ニ努力」していたことを、のちの帝国議会議員立候補の挨拶文に記している。

そして昭和九年（一九三四）、在郷軍人調査票には、次のことを記載している。

「在郷軍人調査票　昭和九年一月現在　渋谷区千駄ケ谷分会
本籍地　神奈川県中郡高部屋村上粕屋八六二
現住地　東京市渋谷区千駄ヶ谷三ノ五二七
徴集（志願）年次　大正十二年
役　種　補充兵
兵種官等級　歩兵
氏　名　山口左右平
特有ノ技能　農村経済ニ関スル若干ノ見解アリ
入会希望ノ有無　有
現在ノ職業　産業組合中央会調査部勤務　」

この年の十二月十日、産業組合中央会主事補山口左右平は「事務格別勉励ニ付年末賞與トシテ金參百貳拾圓ヲ給」された。
三日後の十三日には待望の長男匡一が誕生した。

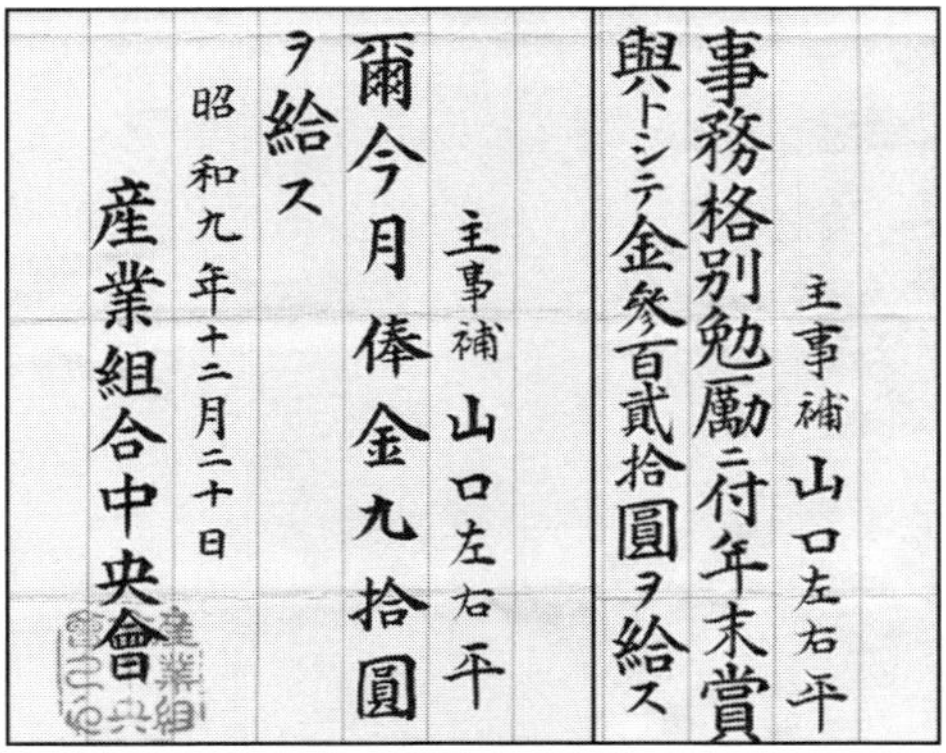
主事補　山口左右平
事務格別勉勵ニ付年末賞與トシテ金參百貳拾圓ヲ給ス
主事補　山口左右平
爾今月俸金九拾圓ヲ給ス
昭和九年十二月二十日
産業組合中央會

産業組合中央会からの辞令
（昭和9年12月13日に長男匡一が生まれた）

さらに二十日には「爾今月俸金九拾圓ヲ給」されることになった。

昭和十年（一九三五）六月には「事務格別勉励ニ付中元賞與トシテ金九拾圓ヲ給」された。

昭和十一年（一九三六）九月には、父左一の死亡によって家督を相続することになった。

同じ月に左右平は総務課勤務を命ぜられ、公私ともに不安と繁忙の時期であった。とともにこの時期、左右平の人生に昂揚感がみなぎっているころでもあった。

昭和十二年（一九三七）、世田谷区経堂町二九八に新築して、千駄ヶ谷の借家から移転した。さらに秋には、菩提所宗源寺墓域の中央に「山口家の墓」を建立した。

経堂の屋敷は一三〇坪、冠木門を有した生垣で囲まれ、二〇坪の庭園を配した三七坪の木造瓦葺きの平家であった。

昭和十三年（一九三八）、国家総動員法が公布された年の十二月には、「産業組合中央会主事トナリ総務課勤務ヲ命ゼ

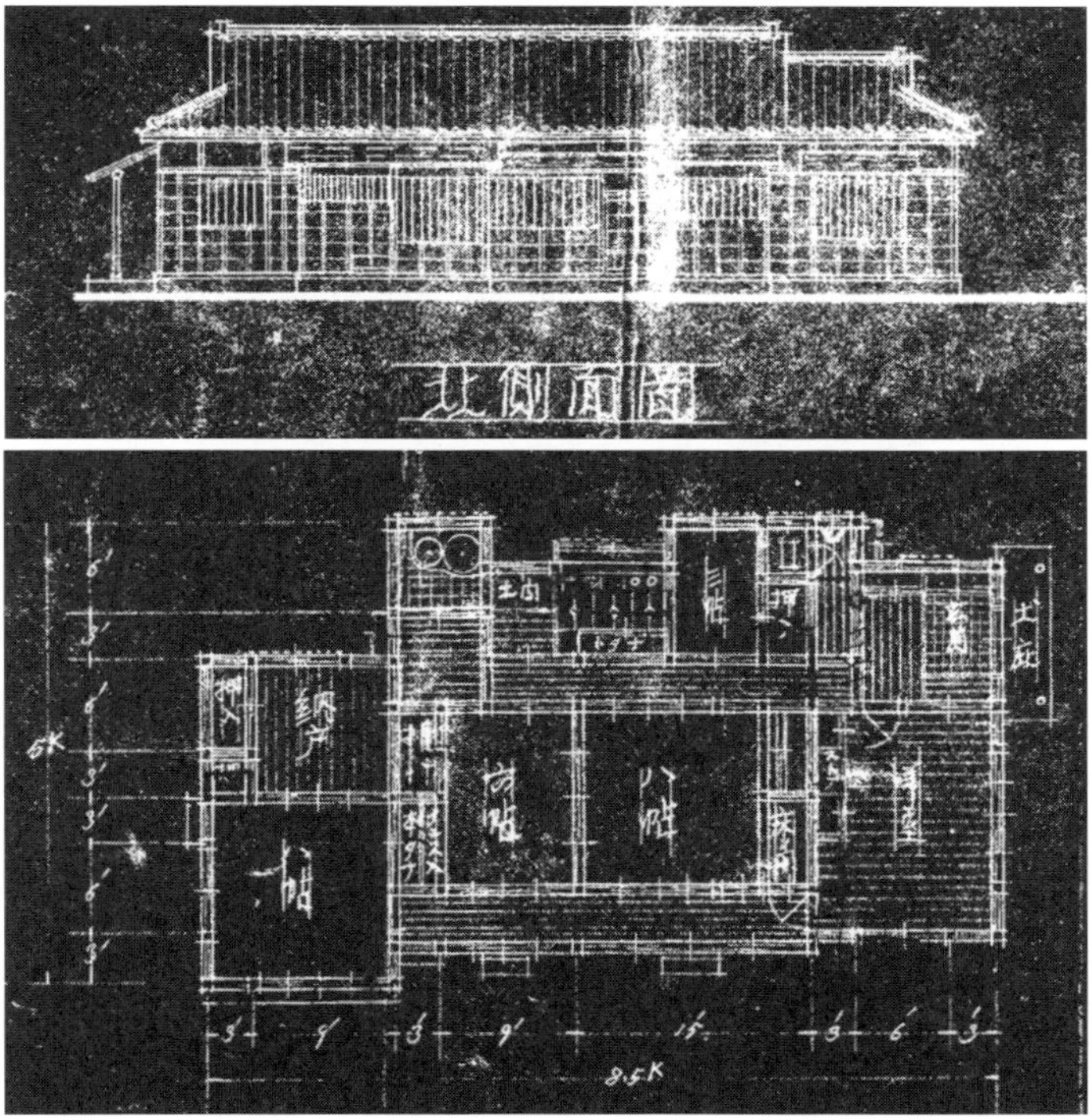

昭和12年に新築された東京市世田谷区経堂町298の居宅

ラ」れ、さらに「六月ヨリ同年末ニカケテ全国的ニ展開セラレタル戦時産業組合未設置町村解消運動ノ企画立案ニ参与シ敏腕ヲ揮」った。

翌年八月「同会事業部企画課勤務ヲ命ゼラ」れ、「専任農相設置問題、農林物資配給問題等惹起スルヤ　全日本農山漁民同盟ノ結成ニ尽力　大イニ活躍」した。

昭和十五年（一九四〇）六月、左右平は満州や朝鮮の協同組合事情調査を命ぜられ、七月には「産業組合中央会総務部企画課長ヲ命ゼラレ　農村共同体制確立運動の企画立案ノ衝ニ当リ、全農村部落ノ組織化、農事実行組合化ノ完成ニ尽力」することになった。

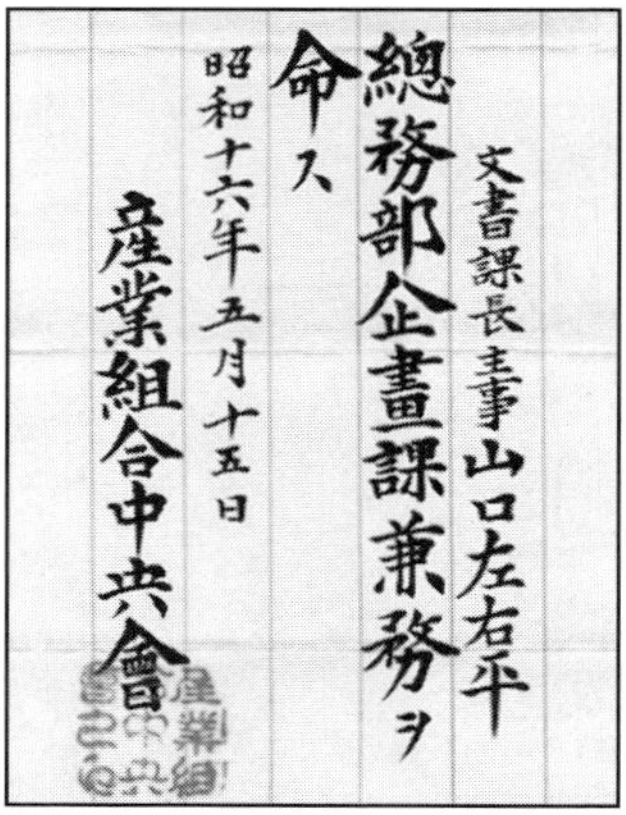

産業組合中央会からの辞令

この年の十月に大政翼賛会の発会式があったのである。

昭和十六年（一九四一）四月に「満州開拓協力協議会幹事ヲ委嘱セラ」れ、五月には「産業組合中央会総務部文書課長企画課兼務ヲ命ゼラ」れる。

昭和十七年（一九四二）二月、「帝国農会農政事務ヲ嘱託セラル」。

この年四月の総選挙で山口左右平は代議士になった。翌年には農業団体法の成立で、帝国農会は産業組合などとともに強制加入制の農業会になっている。

2　産業組合中央会と奥むめお

大正十四年（一九二五）、産業組合中央会は、農村文化の向上を目的とした月刊誌『家の光』の刊行をはじめた。発刊して間もない『家の光』の低迷の打開に、千石興太郎は奥むめおを起用した。山口左右平が産業組合中央会にはいったころで、いっぽうは特命を帯びた名うての活動家であるが、同僚として身近に多くの示唆を受けたことであろう。

奥は大正十二年（一九二三）、職業婦人社を設立して『職業婦人』を発行し、五年後には〝婦人消費組合協会〟、つづいて〝婦人セツルメント運動〟や〝働く婦人の家〟など多くの運動を展開した。『家の光』は産業組合法公布二五周年記念事業のひとつとして、産業組合中央会によって大正十四年に創刊された。はじめ二万部程度で低迷していた。

奥は、発想と行動と人脈で、主な新聞社それぞれの文化部・家庭部の記者会をつくって意見を聞きながら解決していった。

グラビアを用い農業技術や協同組合運動の解説、衣食住など生活の合理化、レクリエーション、社会活動への参加を促すなど、読んで楽しくためになる企画は大ヒットして、一〇〇万部を超えるようになった。

前にも述べたようにこの『家の光』の成功が、戦前最後の贅沢建築とまでいわれるような産業組合中央会館を可能にしたのであった。

気を良くした千石は、今度は販売がうまくいってないといいだした。それに対する奥の提案は、肥料ばかりでなく衣料・学用品・石鹸・菓子などに、品質を吟味して組合マークを付けることで、これも効果があって売り上げが伸びた。

やがて婦人部をつくることになり、産業組合の婦人講演会を開いてまわった。

昭和十六年（一九四一）には大政翼賛会調査委員会の委員に就任し、中央協力会議に「女子動員の隘路打開のための家事挺身隊組織」と「女子挺身隊専門の女子指導者の配置」の二つの意見書を発表した。配給および共同炊事、共同繕い物、共同洗濯、共同保育、病人や老人の看護など、共同化の具体的な提案であった。これは奥の従来からの目標であり、その後の自身の活動としても展開していった。

「自治による協同社会建設への夢は、かなり以前より空想で始まり、婦人セツルメントや働く婦人の家という形で現実化されてきた。婦人消費組合も生活の共同化、社会化という理想を追って生れたものだった。生活を合理化して、共同化すれば、婦人はもっと解放されるはずだ。婦人セツルメントや働く婦人の家には、それまで金持ち専用だった文明の利器をいくつも置いた。暇があり余る婦人たち専用だった習いごと、料理や生花などの講習会だって安く開いた。」

「わたしの'自治による生活の共同化、社会化'への夢は、戦争によって、いびつな形をとりながら実現化への道を一歩ふみ出した。農村では、昭和一三年に共同炊事実施組合が二一〇組合であったのが、一六年には一万八三六四組合となり、共同託児所も三万九四九となって、三年前の約一〇倍に増加した。都会においても、昭和一五年には隣組が組織され、生活の合理化、共同化へと進んだ。ただひとつ'戦争に勝つため'という目的のために。」

と自伝に記している。

3　産業組合と帝国農会

地方産業の振興を目的に明治十四年（一八八一）、大日本山林会、翌年に大日本水産会、二十七年

（一八九四）、大日本商工会などが組織された。

こうした流れのなか、めざましい活動をおこなっていたのが産業組合であった。この組合は明治三十三年（一九〇〇）九月施行の産業組合法によって設立された協同組合で、その事業内容は販売・購買・信用・生産に分かれていた。しかもその活動は農村組合が中心であった。

この法律の成立に尽力したのは、第二次山県内閣法制局長官の平田東助であった。平田はのちに農商務相、内相などを歴任して大逆事件の処刑に関わり、産業組合中央会会頭も務めた。

明治三十三年（一九〇〇）に産業組合法が制定公布された。三十六年の組合数が八七〇であったが、三十八年（一九〇五）には一六七一に増加した。しかし農家の中で産業組合に組織されたのは、わずか三％程度であった。

日露戦争以降繰り返された法改正によって、系統組織の整備が進められ、府県連合会や各事業の全国組織として、明治四十三年（一九一〇）に産業組合中央会が設立された。

さらに大正十二年（一九二三）、産業組合中央金庫と全国購買組合連合会、昭和六年（一九三一）には全国米穀販売購買組合連合会などが設立された。

十五年には柳田国男をして「世界のいづれの国に比べても、恥かしくないだけの隆盛を見るに至り、今は却《かえっ》て政府従来の経済政策に向って若干の新衝動を与へんとするまでの、勢力を具へ」、これがますます発展するだろうと言わしめている。

産業組合拡充五か年計画（一九三三—一九三七）および第二次産業組合拡充三か年計画（一九三八—一九四〇）が実施され、未設置町村の解消や全戸加入、さらには四分野の業務兼営などを推進していった。

この結果、組合数は明治四十一年（一九〇八）の四三九一組合（対市町村数比）から大正九年（一九二〇）には一万三四四二（一一〇％）に増加した。これを対市町村数比でみると、七％から一一〇％になる。一町村に複数の組合が存在するためであるが、農業者組合員数で比較すると約三八万人（対農家戸数比七％）から約二〇二万人（同三六％）になり、昭和五年（一九三〇）には約三六六万人（六五％）、十五年（一九四〇）には約五五九万人（一〇二％）にまで増大している。

産業組合と並ぶ主要農業団体に農会があった。明治十九年（一八八六）に農業技術改良や普及を目的として創立された大日本農会にはじまる。

かつて、農商務省時代に地方産業振興を訴えていた前田正名が、地方農工商一一団体の長になり、明治二十六年（一八九三）、大日本農会の幹事長になると、系統的農会の設立を目指した。しかしこれに農政運動を持ち込んだため、農会は分裂して脱退したのが全国農事会である。

少数派となった農政課長横井時敬《ときよし》らは農学研究団体化し、のちの東京農大の中核を成した。横井は帝国大学農科大学教授を経て東京農大初代学長を務めた。

全国農事会は明治三十二年（一八九九）の農会法と翌年の農会令によって、府県郡市町村に系統的に組織された法定団体の農会として、補助金を受けることになった。

明治四十三年（一九一〇）の農会法改正では、政府による産業技術普及のための組織として中央団体の帝国農会となり、法人として認められた。

そして昭和十八年（一九四三）、農業団体法による戦時農業統制機関として産業組合と農会とが統合され農業会となった。

山口左右平の「帝国農会農政事務ヲ嘱託セラル」は、昭和十七年（一九四二）二月のことであった。昭和十七年（一九四二）十一月、農村人口と食糧自給の確保を目的として「皇国農村確立促進ニ関スル件」が閣議決定された。

政府のねらいは、自作農家が農業に専念できるものとみて、その拡充強化にあった。そこで農務省は、非生産的な地主の機能を制限し、生産的自作農の育成に重点を置く考えであった。そのための土地の強制譲渡案を臨時農地等管理令改正に盛り込もうとしたが、政府案に採用されなかった。

閣議決定は「土地ノ交換分合、分村計画ノ促進、自作農ノ創設等ニ依リ農地関係ノ適正化ヲ図ルコト」で、開墾分村による自作農の増加に期待するにとどまった。

不在地主についての政府内の認識は共通していたと思われるが、在村地主とくに自作地主にあっては、村の運営に大きく貢献してきた実績や、作物の供出にも重要な役割を果していて無視できないという現状があった。

伊勢原市域の組合の状況は、高部屋共同委託売買組合が明治三十六年（一九〇三）、米穀の共同販売と肥料の共同購入を目的に設立された。そして産業組合の設立も高部屋が最も早く、明治四十五年（一九一二）であった。

また経済更生指定村は成瀬村の昭和七年（一九三二）が最初で、比々多村、岡崎村がつづき、指定のなかったのは伊勢原町・高部屋村・大山町であった。

4　満州開拓協力協議会

産業組合中央会総務部企画課長山口左右平が昭和十六年（一九四一）四月に幹事を委嘱された満州開拓協力協議会は、とうぜん全国組織の中枢を担う業務であっただろう。「昭和十一年（一九三六）に広田弘毅内閣は、四か年の試験移民の経験に基づき、二〇年間に開拓移民一〇〇万戸を満蒙に送出する計画を策定した。」結果、戦争終結時の開拓移民総数は二七万戸にのぼったという。

この政策は、満蒙の治安維持や隣国ソ連に対する備えであるとともに、農村疲弊を救済するための土地政策・人口問題政策であり、農山漁村の経済更生政策の一環であった。

昭和十三年度から農林省は満州分村移民計画を作成し、分村計画指定町村を定めた。これによる特別助成によって、村の人口を組織的に分割する分村方式による移民が推進され、十三年度は二八二か町村が指定された。

ちなみに岐阜県の例をみると、昭和十五年（一九四〇）一月に県下一丸となって満蒙開拓創出事業を推進するため、満州開拓岐阜県協力協議会を結成した。

これは国や県の指示に従って、各団体内で政策の具体化のために作られた組織であった。その事業としては、「一　満州開拓政策ノ普及徹底及之ニ対スル国民的協力ノ確保」、「二　満州開拓民、満蒙開拓青少年義勇軍等ノ募集訓練送出等ニ対スル協力援助」など六項目が挙げられていた。

「加盟団体としては、産業・経済団体、軍事団体、医師会、薬剤師会などのほか、教育関係団体が目立っている。」

5　農業をめぐる時局

農業問題の概況については既にふれたが、さらにここでは山口左右平が産業組合中央会で活躍していたころの農業をとりまく背景をみる。

昭和七年（一九三二）五月に発足した齋藤内閣では、高橋是清が引きつづいて大蔵大臣に就任している。翌月に開かれた第六二臨時議会において、農村救済決議いわゆる時局匡救《きょうきゅう》決議がおこなわれ、八月から開かれた第六三臨時議会（時局匡救議会）において事業の具体的内容が決定した。

第一次世界大戦後の反動恐慌や震災恐慌を経て、昭和二年（一九二七）、日本の金融恐慌があり、四年（一九二九）、ニューヨーク株式大暴落のあおりをうけていた。加えて昭和六年（一九三一）の大飢饉は、農業恐慌を一層深刻なものにした。小作料の減免をめぐって小作争議が頻発し、橘孝三郎らの自治農民協議会による農村救済請願運動が起きるなど、社会不安が増していた。

米と繭をはじめとした農産物価格の崩落、兼業機会の喪失など、農家の生活を困窮に追い込んだ。農林省は経済更生部を設置して、後藤文夫、石黒忠篤、小平権一の新官僚トリオを中心に「農山漁村経済の計画的且組織的整備」を推進した。

内容的には土地利用の合理化、農村金融の改善、労力利用の合理化、農業経営組織の改善、生産費・経費の節減、生産物の販売統制、農業経営用品の配給統制、各種災害防止、共済活動、生活改善、節約実行など生産から流通、生活すべてにおよぶ農村経済の網羅的な改善、さらには農民精神作興《さっこう》から宮城遥拝に至る精神教化まで含まれていた。

推進主体は役場を中心に、産業組合（漁業組合）と農会と小学校であった。

更生運動のひとつの課題は負債整理であった。不況対策として膨大な農家負債を整理するために、各農家の簿記記帳による合理的経営の育成とともに、負債整理組合を部落単位につくり、部落の地主、商人、高利貸の借金を緩和させようとした。

とくに運動の中心になったのは産業組合拡充五か年計画であり、全国市町村に産業組合を組織し発展させ、産業組合の下部組織として、市町村の末端の部落には農事実行組合の組織化が図られた。このときに全国的に組織化された産業組合や農事実行組合は、戦時下の肥料配給および農産物集荷を目的とする農業統制の末端機構として機能した。

明治中頃から村落単位に形成されていた生産・流通・購入などに関する各地の協同組合は、農山漁村経済更生運動の展開のなかで産業組合法が改正となり、任意団体であった組合を法人化して農事実行組合とし、産業組合の傘下に組み込まれていった。

6　雨岳文庫資料から

(1)『農會法改正と部落農業團體の責務』

昭和十五年八月二十六日付けで、帝国農会(東京市麹町区丸ノ内三丁目一番地)から出されたもので、「第七十五議會に於て農會法の改正が行はれ、農會に農業統制の機能が賦與せられると共に部落農業團體の農會加入が認められる事となった。」として法改正当局の農林事務官による二〇ページを超える解説の冊子がある。以下に要点をまとめる。

貴衆両院の満場一致による可決法案は、農林省令等を経て八月十五日から施行された。

統制経済によらなければ経済活動が成り立たなくなっている現状から、農産物の増産も困難になってきている。農業に関しては生産のみならず流通も含めた統制を考えなければならない。そこで自主的な統制ではなく、国家統制を民間団体の参加協力によって目的を達する。それには「農会は農業者を以て組織し、強固な基礎をもつ団体であり、公共的使命と国家的使命を有し、かゝる統制を行ふに最も適当な資格を有するものと認められる。」

国家の監督の下に新たに農会に統制権限を与えて「農村に課せられた国家的役割を遂行」しようとする。「農会は利益代表的色彩が薄れ、寧ろ国家の代行機関として取り上げられんとしてゐる。」統制の範囲としては、郡市町村農会と新たに部落農業団体、帝国農会は道府県農会を対象とするが、商業者や産業組合は対象外である。

部落農会のことでは、

「部落農業団体を市町村農会の会員と為し、両者の関係を密接にし、部落団体をして農会の事業に参加せしめると共に、一面その統制に服せしめることゝし、以て部落農業団体の機構及機能を今後一層強化することゝとなつた。」

改正法が農会加入の対象として想定しているのは、

・農事実行組合・農家小組合・農事組合等

・農家の自主的団体として部落における生産・経済・生活にわたる問題に取り組む団体

・養鶏組合・養豚組合のような特定事業に限定するものは含めず

・全部落の加入が望ましくまたその区域は行政区画を意味するものではない

法人の扱いについては、農会・産業組合、部落農業団体の農事実行組合・養蚕実行組合など、産業組合法で規定されているものとする。そして、法改正による組織統合は、部落農業団体が農事実行組合になって、農会にも産業組合にも加入することを勧奨する。

(2)『農業増産と部落農業團體の活動』

昭和十六年二月六日付けで、編集兼発行者帝国農会、発行所は帝国農会(東京市麹町区丸ノ内三丁目一番地)と産業組合中央会(東京市麹町区有楽町一ノ一二)になっている。

序文において、部落農業団体の活動方針の大綱を示し、増産実行団体としての立場から検討を加えたうえで、意見を末尾の切取り部分に記載して市町村農会に提出するよう求めている。

第一　国防国家の建設と農村の使命

支那事変はじまって以来農村が未曽有の困難に直面しているとして、労働力・畜力の不足、肥料・飼料・農機具など生産資材の不足、綿製品など生活用品の不足、需給価格の不均衡について、臆面もなく吐露したうえで、日本農業の特徴を①労働生産性が低い②反当収量増加のみの増産③農地制度に起因する高農産物価格④経済変動・自然災害に弱い、と分析している。

二、生産力増強の諸条件

(1)労働力の問題

「農村の人的資源をもって国防国家建設の役割を分担することも、現在の農村の大切な使命である。」

「労働力の減少」を「労力不足」にしないためには、労働強化と生産性向上がある。「事変以後は働く時間を延ばしたり、年寄や子供等を動員して随分無理をしてゐるのである。だから、これ以上の無理な労働強化は肉体を傷つけることになり、能率は却つて低下する恐れがあるのみならず、この際大切な人的資源の保全や体位の向上に逆行する効果となる。」「結局は労働の生産性を高めるといふことに落ちつくのである。」

⑶農地制度の問題

農業生産力増強のためには、工業における利潤統制とは逆に、生産資材の向上や耕地の改良・拡張にあてる資金を確保するための小作料統制が必要である。

三、小農性と労働生産性の向上

小農経営を組織化して、労働集約・機械役畜の共同利用・農業技術の向上

四、農業生産の協同化

共同経営・共同作業は農会を中心に指導されてきた。

販売・信用・利用の共同化は産業組合が中心に担ってきた。

五、農村生活の協同化

生産の協同化のために　…　共同託児、共同炊事

文化・厚生については　…　共同浴場、冠婚葬祭用具、医療施設

新聞・ラジオ・雑誌等の共同利用

第四　農村の協同化と農地制度

土地制度の増産障害要因
耕地の分散狭小区画、小作契約の不安定、小作料の割高
交換分合による耕地整理や区画整理が要求される
以上の障害対策として自作農の創設・維時が必要である。

（3）『昭和十七年大陸帰農開拓団編成計画ニ関スル件』

「昭和十七年大陸帰農（第十一次集団及第三次集合）開拓団編成計画ニ関スル件」先遣隊と本隊とが、同年内に計画されている。また、十七年度は中小商工業者に重点をおいていることが記されている。

「中小商工業対策ノ進展ニ伴ヒ今後転廃業者ヲ中心トセル帰農開拓団ノ編成計画逐次進捗可致思料セラルル処明年度予算要求及入植地ノ決定等関係モ有之十七年度帰農開拓団編成計画ニ付左記事項御参照ノ上別紙様式ニ依リ六月二十日迄当省必着ヲ期シ御回報相成度此段及照会

追而本年三月十九日附北開第七〇〇号第十一次集団開拓団計画ニ関スル件ニ依リ回答ヲ得タル集団計画数並ニ本年五月二十日附北開第一〇〇〇号通牒ニ依ル第十一次満州開拓団基幹先遣隊募集ニ関スル件ニ於テ予定シ居ル集団計画数ノ内大陸帰農開拓団トシテ処理スルヲ適当トスルモノニ付テハ其ノ旨併而御回示相成処

記

一、帰農開拓団トシテ処理スベキ限界

都市、農村何レヲ対象トスルヲ不問商工業出身者ガ団員構成ノ大半（七、八割程度）ヲ占ム可ク予想セラルルモノタルコト

二、先発隊ノ輔導訓練

⑴　員　数　　計画戸数ノ三分ノ一程度

⑵　募　集　　昭和十七年一月末日締切

⑶　内地訓練　昭和十七年二月、三月ノ二ヶ月間

⑷　現地ノ輔導訓練　昭和十七年自四月至六月三ヶ月間現地輔導施設ニ於テ訓練ス、コノ期間一般開拓団ノ先遣隊ニ準ジ手当ヲ支給ス

三、本隊ノ送出

先遣隊ヲ除ク本隊ノ送出ハ概ネ昭和十七年内ニ於テ完了スル見込アルコト

四、政府補助金

一般開拓団ニ準ズルモ家族援護会ニ付テハ全日ニ付一日当月一五円五ヶ月分、計七五円ヲ支給スル予定　」

(4)『昭和十七年度帰農開拓団編成計画調』

鉄筆謄写印刷の十六年十月三十日現在「昭和十七年度帰農開拓団編成計画調」である。全国各地から集められた各種中小商工業者の団体のことが、よく理解できる資料である。

「一、計画確実ニシテ目下進捗中ノモノ

東京仏立講集団　二〇〇戸　法華宗（清雄寺）信徒タル商工業者
神奈川集合　五〇戸　本年度繰延、神奈川県一円ノ商工業者
京都福知山集合　五〇戸　第一次天田集合ノ延長、福知山市ノ各種業者
徳島集合　五〇戸　徳島県自転車商業組合
佐賀集合　五〇戸　佐賀市各種業者
高知集合　五〇戸　高知氷凍加工組合
熊本集団　二〇〇戸　山鹿町五〇、隈府五〇、来民五〇、大津五〇、
球磨郡集団　二〇〇戸　人吉町一〇〇、附近町村一〇〇、

計　八、五〇〇戸

二、計画樹立中ニシテ近ク確定ヲ見ルモノ
長野篠井町分町集団　二〇〇戸　篠井町各種業者
愛知県米穀商集団　二〇〇戸　愛知県米穀商業組合
瀬戸市陶器業者集団　二〇〇戸　瀬戸市陶器業者
大阪集団　二〇〇戸　大阪市木炭業者中心
京都集団　三〇〇戸　京都府木炭小売商業組合聯合会
神戸集団　二〇〇戸　神戸市商業聯盟、実業聯盟
香川集合　五〇戸　香川自転車商業組合
熊本松橋集合　五〇戸　松橋町各種業者

鹿児島川内集合　　五〇戸　川内市各種業者
　　　　　　計　一、四五〇戸
三、計画未定ナルモ有望ナルモノ
宮城集合　　　　　五〇戸　石巻、釜石市ノ菓子業者
宇都宮集合　　　　五〇戸　宇都宮市飲食店業者
群馬集合　　　　二〇〇戸　前橋、桐生、伊勢崎、高崎市、各種業者
東京集団　　　　二〇〇戸　東京市各種業者
長野中野町分町集団　二〇〇戸　中野町各種業者
和歌山集団　　　二〇〇戸　和歌山市及海南市ヲ中心トスル菓子及漆器業者
福島喜多方集合　　五〇戸　喜多方町各種業者
　　　　計　一、〇五〇戸　」

(5)『満州開拓協力協議会幹事会開催ニ関スル件』

昭和十六年十一月十一日付けで「東京市麹町区霞ヶ関開拓務省内　満州開拓協力協議会」から「麹町区有楽町　産業組合中央会　山口左右平殿」宛ての速達封筒で、満州開拓協力協議会幹事会開催の通知である。宮城遥拝、黙祷ではじまる。

「標記ノ件、別紙ノ通開催致度ニ付御繁忙中恐縮乍ラ御出席相煩度此段及御依頼候也
追而準備ノ都合モ有之候条同封ハガキニ依リ御出席ノ有無御回辞示相願度候　」

「満州開拓協力協議会幹事会
一、日　時　十一月二十日午前十時
一、場　所　拓務大臣官邸
会次第
一、開会ノ辞
一、宮城遥拝
一、戦歿軍人ノ英霊ニ対シ感謝シ並ニ出征軍人ノ武運長久ヲ祈ルタメノ黙祷
一、会長挨拶
一、議　事
1．昭和十六年度収支予算追加更生ニ関スル件
2．満州開拓事業ノ近況ニ関スル件
3．開拓農場法ニ関スル件
一、閉会ノ辞
」

（6）『開拓農場法制定要領』

この「開拓農場法制定要領」は、昭和十七年四月施行を目指して準備されたもので、開拓した農地の所属所有からその売買や相続などについて定められている。そのなかからいくつかを転載する。

「方針」には、

「世襲家産制度ヲ確立シ以テ営農ノ根拠ヲ確保スルト共ニ健全ナル開拓農家竝ニ之ヲ基盤トスル開拓農村ノ生成発展ヲ期スルモノトス」

とあり、「開拓農場」では、

「（一）農業経営ニ必要ナル開発農地竝ニ其ノ上ニ存スル家屋其ノ他ノ工作物ハ之ヲ一括シテ開発農場トナシ営農ノ基本財産トシテ開拓農家ニ確保セシムルモノトス

（二）開拓農地ハ原則トシテ国ヨリ開拓団又ハ開拓共同組合ニ譲渡シ団又ハ組合ガ更ニ之ヲ開拓農家ニ譲渡スルモノトス

（三）開拓団又ハ開拓協同組合ハ開拓農地分譲ニ当リ神社用地、公共用地、協同利用地及予備地ヲ保有スルモノトス

（四）開拓農場ハ原則トシテ之ガ処分ヲ禁止スルト共ニ金銭債権ニ基ク強制執行ヲ受クルコトナキモノトス

（五）開拓農家ノ所有スベキ開拓農地ノ面積ハ当該地方ニ於ケル適正ナル農業経営ニ依リ農家生活ヲ安定向上セシムルニ足ルモノタラシメ農家ガ経営力ノ増大其ノ他正当ノ事由ニ因リ農地ノ面積ノ増加ヲ必要トスルトキハ開拓団又ハ開拓協同組合ニ対シ必要ナル土地ノ譲渡ヲ申出ルコトヲ得ルモノトス

（六）開拓農場ハ開拓農家ノ自家労力ヲ以テ之ヲ経営耕作スルコトヲ要スルモノトス但シ自家労力ノ一時的不足其ノ他正当ノ事由アルトキハ農家ハ農業労働者ヲ使用シ又ハ其ノ農場ノ管理ヲ開拓団又ハ開拓協同組合ニ委託スルコトヲ得ルモノトス」

などとして、開拓団または開拓協同組合が、新しい村の中枢として運営・経営の中心となっている。そして経営規模に格差が生じないようにも配慮される。

「開拓農家」に、

「農家ハ開拓精神ヲ体シ家長ヲ中心トシテ農場ノ経営耕作ニ当ルト共ニ家名ヲ永遠ニ保持シ隣保相助及民族協和ノ使命達成ニ任ズルモノトス」とあって、開拓村の基本単位は内地における家族制度と同じとしている。

「(二) 開拓農家ハ開拓農場ヲ世襲家産トシテ所有スルノ外其ノ他ノ財産ヲ所有シ義務ヲ負担スルモノトス

(五) 開拓農家ニ在リテハ家長ハ其ノ中核トナリ農家ヲ代表シ家政ヲ主宰スルモノトス

(六) 家族ガ未成年ナル場合又ハ長期ニ亘リ家政ヲ主宰スルコト能ハザル場合ニハ家長ノ職務ニ付代行者ヲ置クモノトス　代行者ハ家長ノ親権者又ハ後見人其ノ他適当ナル者ニシテ原則トシテ開拓又ハ開拓協同組合ノ区域内ニ居住スル者ヲ以テ之ニ充ツルモノトス

(七) 家長ノ地位ノ承継ニ付テハ家督相続ニ関スル例ニ依ルモノトスルモ被承継人ト世帯ヲ同ジクスル農家族ニ非ザレバ原則トシテ承継人ト為ルコトヲ得ザルモノトス」

など、農場家族の継承は、開拓団内でおこなうことを原則としている。

そして最後に「処置」として、

「本法ハ康徳九年四月一日施行ヲ目途トシ其ノ準備ヲ為スモノトス」

と記されている。ここにある「康徳」は満州国の元号で、昭和九年（一九三四）三月一日を元年として、昭和二十年（一九四五）八月十八日の皇帝溥儀《ふぎ》退位宣言によって満州国が崩壊する年、康徳十二年まで使用された。康徳九年は昭和十七年（一九四二）にあたる。

【参考文献】

『産業組合中央會館物語』周梨箒六　一九五四年　全国共同出版「農業協同組合経営実務」九（1）
『野火あかあかと―奥むめお自伝』一九八八年　ドメス出版
『家の光の四十年』一九六八年　家の光協会
『総力戦体制と農村』高橋泰隆　一九八一年　青木書店「歴史学研究」別冊特集「地域と民衆」
『昭和初期の農村地域における〈共同体〉の編成とその機能』河内聡子　二〇一一年「社会システム研究」
『定本　柳田国男』別巻第一　一九八二年　第五刷　筑摩書房
『伊勢原市史　通史編　近現代』二〇一五年
『皇国農村確立促進ニ関スル件』昭和十七年十一月十二日　閣議決定
『岐阜県教育史』通史編　近代四　二〇〇四年　岐阜県教育委員会
雨岳文庫資料
　『辞令』『在郷軍人調査票』『我が家の新築』『農會法改正と部落農業團體の責務』
　『農業増産と部落農業團體の活動』『昭和十七年大陸帰農開拓団編成計画ニ関スル件』
　『昭和十七年度帰農開拓団編成計画調』『満州開拓協力協議会幹事会開催ニ関スル件』
　『開拓農場法制定要領』

三　帝国議会議員前夜の山口左右平

山口左右平は産業組合中央会から、大政翼賛会推薦で衆議院議員選挙に立候補した。ここでは、まずその大政翼賛会なるものの結成の経緯から、左右平立候補の挨拶に関連する雨岳文庫資料を見る。

1　大政翼賛会

大政翼賛会はある意味において、明治維新体制が目指した中央集権の究極的な帰結の一形態であったともいえる。幕藩体制における各藩の地方自治から、中央集権化によって万般にわたって統一を図りながら統制を強め、西欧先進諸国の外圧に対応しなければならなかった。

そうして先進グループの一員として認められると、多くの犠牲を払って一旦手にしたものが奪われてしまうことを心配し、その地位を維持するための行動が際限なく強化されることになる。

第一次世界大戦の教訓による総力戦を想定した体制作りが進められた。それは、軍備に直結する鉱工業はもちろんのこと、食糧源である農業、これらを推進するための学問・思想・教育をはじめ、文化活動のすべてにわたる。

当初は政治家、財界、農民・労働者も、それぞれの立場からの主張がなされていたが、軍事的観点からの拙速な行動が先走るようになると、事態の後追い既成の追認に流れていった。

こうして切迫した情勢のめまぐるしい変化に対応しきれず、余裕を失って議論をはしょった行動の場面が多くなると、議会制擁護も意見対立でひび割れが生じ、大勢の流れができていった。

（1）大政翼賛会の成立から解散まで

大政翼賛会結成までのきっかけは、表面的には昭和十五年（一九四〇）二月二日の第七五帝国議会にはじまる。

議会における日中戦争処理方針に関する質疑演説で、斎藤隆夫の「唯徒《ただいたずら》に聖戦の美名に隠れて」との文言が、聖戦に対する冒瀆であるとする陸軍の圧力によって、衆議院懲罰委員会が斎藤の除名を決め、本会議で賛成二九六、反対七、棄権一四四で確定した。この票決の通り、その後の動きはやかった。

斎藤の反軍演説に強く反発した陸軍に呼応して参集した議員は、三月二十五日に聖戦貫徹議員連盟を結成し政党解消運動の中心になった。

六月二十四日、近衛文麿は枢密院議長を辞し、新体制運動推進を表明した。

「内外未曾有の変局に対処するため、強力な政治体制を確立するの必要は何人も、認めるところである。自分は今回枢密院議長を拝辞し、かくの如き新体制の確立のために微力を捧げたい」

の声明に政界・言論界・右翼・軍部・政党は、それぞれの思惑で支持に動きだした。

そして七月に発足した第二次近衛内閣は、新体制準備会をつくって新党構想実現に向かった。六月十九日に東方会、七月六日社会大衆党、七月十六日政友会正統派、七月二十六日国民同盟、七月三十日政友会革新派、八月十五日民政党も解党して、あれよあれよという間に無政党時代に入った。

しかし事態が進むにつれ、側近グループ・観念右翼・既成政党・軍部・革新官僚など同床異夢の状態で、これらの横槍によって後退せざるを得ず、七月に成立した第二次近衛内閣の「強力な政治体制の確立」の理念は、

1　一君万民の精神に基づく万民輔翼の政治の実現

2　ナチスの全体主義ファシスト独裁政治ではなく、肇国《ちょうこく》の精神に復《かえ》る

3　議会は政党による政権争奪の場ではなく、天皇政治を翼賛することが真の憲法精神に沿うものである

4　国民精神総動員運動を発展的に解消し、政治的実践力をもった国民運動組織を目標とする

5　政府・議会・軍部は組織外におき、個人参加とする

のようなものになった。

十月十二日に大政翼賛会が発足し、近衛首相はその総裁を兼ねることになり、貴衆両議員は大政翼賛会の一部局である議会局に所属した。十二月二十四日には尾崎行雄ら七名不参加の議員四三五名で、衆議院議員倶楽部を結成した。

十二月二十六日からの第七六議会の予算委員会で一月二十四日、川崎克は、"天皇の統治大権を翼賛する機関は、憲法上大臣の輔弼と議会の翼賛以外にはない"と追及し、翌年二月二十二日に、議会年間予算の倍もの翼賛会補助金案に対して、削減案を提出した。しかし賛成五四、反対二五九で否決された。賛成者は芦田均・大野伴睦、鳩山一郎など旧政友会二〇、旧民政党一九、片山哲ら旧社会大衆党や無所

属など一五名、棄権が一二〇余名もいた。

新体制運動を推進するための組織として、総力戦遂行のために一国一党制を実現させようとしていた軍に対し、国民各層の有力な分子を結集して、軍に対抗できる強力な国民組織をつくろうとしたのが第二次近衛文麿内閣のもくろみであった。

予算委員会で平沼騏一郎内相は、大政翼賛会の治安警察法上の性格を政事結社ではなく公事《くじ》結社であるとし、政治活動はできないことを言明した。つまり一国一党の形態はとられたにもかかわらず、近衛の思惑をはずれ、政府に指導される公事結社として、道府県支部長は地方長官の兼任となり、行政補助機関のようなものとなっていった。

昭和十六年（一九四一）九月には、三二六名で院内会派の翼賛議員同盟が結成された。

翼賛会補助費の減額修正案賛成者五四のうち、三七名は十一月に同好会を結成した。

昭和十七年二月十八日、翼賛選挙貫徹運動基本要項が閣議決定された。前年十二月八日のハワイ戦勝世論を背景に総選挙をおこなって、戦争完遂の翼賛議会を確立するため、実質的に政府が推薦候補を選んで便宜を与える推薦選挙としたのである。

二月二十七日に、衆議院議員七名を含む各界代表三三名による翼賛政治体制協議会が結成され、議員定数の四六六名が選ばれた。

非推薦者は同好会の二九名を含む六一三名が立候補し、当選者は推薦三八一、非推薦八五名、同好会は鳩山や尾崎など九名が、また議員除名されていた斎藤隆夫も当選した。

東条内閣は政治基盤強化のために、新政事結社の翼賛政治会設立を働きかけ、昭和十七年五月二十日結成された。と同時に翼賛議員同盟は解散し、議員倶楽部・興亜議員同盟・同好会も相次いで解散に追い込まれた。

一月に実践組織として大日本翼賛壮年団を発足させ、六月にはそれまで各省の監督下にあった産業報国会や大日本婦人会・商業報国会・大日本青少年団など六団体を統合した。八月には町内会・部落会の会長を翼賛会の世話役に、隣組長を世話人に指名して事実上両組織の一体化を図り、住民の日常生活を管理する唯一の国民運動組織・行政補助組織として戦争動員体制を支えた。

終戦間際の昭和二十年（一九四五）六月、鈴木貫太郎内閣のときに国民義勇隊の結成にともなって解散した。

（2）翼賛政治会の綱領

翼賛選挙後の全議員、つまり推薦・非推薦で当選した議員、それに各界の代表を加えた九八六人で結成された唯一の政事結社である翼賛政治会の綱領である。この翼賛政治会は、大日本翼賛壮年団との対立が絶えなかった。

「綱　領

一、国体の本義に基き、挙国的政治力を結集し、以て大東亜戦争完遂に邁進せんことを期す

一、憲法の条章に恪遵し翼賛議会の確立を期す

一、大政翼賛会と緊密なる連繋を保ち、相協力して大政翼賛運動の徹底を期す

一、大東亜共栄圏を確立して、世界新秩序の建設を期す

」

（釈註）　恪遵《かくじゅん》‥　遵守のこと

「目次」「綱領」につづく「宣言」では、

「翼賛議会の要は清新なる政治力を以て、派閥抗争を一掃し、一地方一職域の利害に拘らず、真に国家的見地に立ち、公議公論の府として政府と協力するにあり。」

「翼賛政治会の創立経過」では、

「大東亜戦争下行はれた第二十一回総選挙は、国民の稀れにみる政治的意識の昂揚によつて、政府の期待する清新なる議会の確立を見」たと総括し、

「東條首相はこの機運を捉へて、五月七日午後二時三十分、首相官邸に政界・財界・言論界等、左記各界の代表者七十名の参集を求め、大東亜戦争遂行に必要な国内政治力の挙国的結集に関し創意と尽力とを要請」、

その七〇名は陸軍大将阿部信行、大政翼賛会副総裁安藤紀三郎はじめ、農業報国聯盟理事長石黒忠篤、朝日新聞主筆緒方竹虎、大政翼賛会中央協力会議議長貴族院議員後藤文夫、日本放送協会会長小森七郎、帝国農会会長貴族院議員伯爵酒井忠正、読売新聞社長正力松太郎、産業組合中央会会頭千石興太郎、日本新聞会会長田中都吉、東京日日新聞大阪毎日新聞社会長高石真五郎、鉄鋼統制会会長貴族院議員平生釟三郎、日本商工会議所会頭藤山愛一郎、日本銀行総裁貴族院議員結城豊太郎、大政翼賛会事務総長横山助成などがいる。

そして五月二十日に大東亜会館において設立総会を開いた。

翼賛政治会発起人の衆議院議員には、赤尾敏、河上丈太郎、岸信介、齋藤隆夫、西尾末広、鳩山一郎、

三木武夫、三木武吉、山口左右平、蝋山政道などがいる。

(3) ゴードンの『大政翼賛会』

一九四二年生まれの南カリフォルニア大学教授ゴードン・M・バークの大著『大政翼賛会　国民動員をめぐる相剋』に彼の推論をみると、政党解散は内部からの崩壊と外からの攻撃によるもので、その外力要因に'近衛・官僚・陸軍'を挙げている。

新体制や大政翼賛会にまつわる一連のことは、政党の力を減らそうとする者と、さらに増そうとする者との競合だという。

衆議院における特権や地方との結びつきによって政党がもっていた影響力、これを弱めたいという政党外からの欲求があった。さらに、影響力を衆院以外にも拡大したい、という政党側の欲求との結果でもあった。政党が解散しても、院内と地方における党員の力は消えなかった。だから、官僚と政府との妥協が成り立っていても、衆議院を通らない状態であった、という。

また、国民生活に対する官僚統制の拡大を余儀なくさせるような事態へと進んでゆくにしたがって、地方に伝統的な組織網をもつ政党人との妥協も、依然として大きな関門であった。

昭和十七年(一九四二)の総選挙は、旧政党人と地方有力者とを排除して新たな人脈を作り出す効果をも期待したものであった。

世界的危機を乗り越えて生き残るためには、国民は強制されるだけでなく、国策を理解し納得して積極的に一人一人が果たすべき重大な任務に参画しなければならない、そうすることで革命の危惧が薄らぐとも考えていた、という。

しかし日中戦争が長引く情勢になると、国民運動醸成から政府・官僚・軍部による動員統制へと新体制運動は挫折変質していった。

新経済政策は企業活動の翼賛会統制に対する反発で行き詰まり、近衛は政治的動員組織としての翼賛会に見切りをつける格好で、天皇への精神的一体感を強めて政策への動員組織、つまり公事組織に変容していった。

結局近衛の翼賛会はその主導権を内務省と精神総動員論者に委ねる形になってしまい、当初もくろんでいた政治活動ができなくなっていた。

そして部落会、町内会、隣組などに対する翼賛会の監督を通して、内務省の影響力が増すことになった。東条は結成直後の翼賛壮年団を、翼賛会内における内務省の権限から排除することができなかったばかりか、翼賛選挙における推薦候補選定においても政党指導者の影響を排除することができず、現職議員中二三四人が推薦され、そのうち二〇〇人が再選されて、旧政党の力は温存された。

また鳩山派・社民系などの旧政党反主流から一三二人が推薦なしで立候補し、議員除名されていた斎藤隆夫ら四七人が当選した。新人は一九九名であった。一九三〇年の一二七、三十二年の一一三、三十五年の一二五名よりは多いが、二十八年には一八一名ということもあったから、翼壮や内務省による極端な干渉選挙の成果はこの程度であった、という。

このように、ゴードンの視点は悲観的ではなく、政党政治の潜在力を見据えた論調ではあるが、結果的には民主主義移植が中途半端になったという。

（４）雨岳文庫資料から『新政治体制確立ニ関スル委員会中間報告』

この「新政治体制確立ニ関スル委員会中間報告」は近衛新体制が大政翼賛会へ飲み込まれていく悩ましい状況をよく示している。と同時に議会運営について、政治家としての矜持をも失わないように、という涙ぐましいまでの踏ん張りが読み取れる。鉄筆謄写印刷で、出所も年月も不明。

「一　政治組織ニ関スル件

一、時代ノ要請ニ基キ第二次近衛内閣ノ提唱シタル新政治体制計画ハ政府ト表裏一体関係ニ立ツ大政翼賛会ノ成立ヲ見タルモ民意代表ノ府タル議会トノ連関ニ於ケル国民的政治組織ニツキ何等解決ヲ与フル所ナク政治体制トシテハ未完成ナリ。

一、政治ニ対スル国民熱ト感激トヲ凝結セシムルハ真ニ政治ノ強靭ヲ確保スル要諦ナリ、難局突破ノ体制ヲ強化スベキノ秋《とき》、国民的政治組織ニ関スル新ナル構想ニ依リ政治体制ヲ確立スルノ要大ナルモノアリ。

一、第二次近衛内閣ニ依ル新政治体制ハ既ニ発足シ大政翼賛会ノ出現ハ既成ノ事実ナルヲ以テ構想ハ徒《いたずら》ニ理想ヲ追ハズ又断ジテ旧体に泥マズ現制ニ対シ適正ナル修正補完ノ策ヲ講ズルヲ妥当トス

一、大政翼賛会ノ改組転換ニ依リ以上ノ要請ニ応ズルノ方途ヲ考慮シ得べキモ会ノ性格ヲ変革シ且ツ総理総裁制・構成員指名制・国費支弁制等ニツキ抜本的修正ヲ加フルニアラザレバ其達成ハ困難ナリ、而シテ此ノ如キ変革ハ益々育成ニ力ムベキ大政翼賛会ノ実質的解消トモ見ルベキ結果ヲ招来スル虞《おそれ》アリ。

一、大政翼賛会ト別個ニ独立ノ一大国民的政治組織体ヲ結成スルコトモ考慮シ得ベキ一方策ナリト雖《いえど》モ両組織ハ事実上全国的摩擦ヲ醸成シ特ニ政界ノ実情ヨリ見テ動《やや》モスレバ二大政党的現象ノ展開ヲ結果スル憂アリ。

以上ヲ綜合シ左案ヲ適切ナル解決案ナリト認ム

イ　大政翼賛会ト国民的政治組織体ト両機構併存ノ建前ヲ採リ其ノ構成関係ニ於テ両者ヲ全的ニ融合統一シ実質ニ於テ一体タルノ実ヲ具《そな》ヘセシムコト

ロ　大政翼賛会ハ公事《くじ》結社タル性格ヲ守リ官民ノ融和協力ト政治経済文化其ノ他国民生活ニ於ケル翼賛理念ノ昂揚ニ主力ヲ注グコト

ハ　国民的政治組織体ハ政事結社トシ翼賛理念ヲ基本トシテ部分対立ノ旧習ヨリ蝉脱シ挙国的大組織タルコト

二　議会運営ニ関スル件

時局ノ要請ニ即応シテ議会機能ト其ノ運用ニ就キ特ニ改善刷新ニ努ムル要アリ、乃《すなわ》チ議員ハ自粛自戒苟《いやし》クモ派閥的抗争ノ幣ニ陥ルヲ避ケ、互ニ切磋琢磨其運用ヲ円滑ニシテ国民的信頼ヲ高メ、将《まさ》ニ議会ノ建設的機能ヲ発揚シテ其権威ヲ保チ、以テ翼賛議会体制ノ確立ヲ期スベキナリ。

一、以上ノ趣旨ニ則リ（イ）議長ノ地位権能ヲ尊重スルノ美風ヲ一層昂揚スルコト（ロ）院議ノ尊厳ヲ顕揚シテ議会ノ神聖ヲ保持スルコト（ハ）各派交渉会ヲ刷新活用シテ其権威ヲ高メ、協調偕和《かいわ》ノ実ヲ挙グル為メ議長ノ裁量ニ重キヲ置キ議事ノ円滑敏速ヲ期スルコト（ニ）審議ノ能率ヲ高メ其適正ヲ期スルタメ、本会議及委員会ノ職能ヲ検討シ其運用ヲ改善スルコト（ホ）懲罰委員会ノ構成ヲ改メ、権威ヲ高メ、特ニ其独立性発揮ニ努ムルコト等ハ少クトモ速ニ之ガ実現ヲ図ルベキナリ。」

（釈註）泥《なず》マズ：こだわる、執着する
強靭《きょうじん》：強くしなやかなこと
蝉脱《せんだつ》：俗世間から超然としていること

【参考文献】

『大政翼賛会に抗した四〇人』楠精一郎　二〇〇六年　朝日新聞社
『大政翼賛会　国民動員をめぐる相剋』ゴードン・M・バーカー　二〇〇〇年　山川出版社
『翼賛政治會の結成まで』一九四二年　翼賛政治会
雨岳文庫資料から『新政治体制確立ニ関スル委員会中間報告』

2　翼賛選挙立候補

'翼賛選挙'の呼称は，'俗に'という冠辞をつけて書かれることがあるが、翼賛体制を揶揄して用いられるものではなく、れっきとした投票呼びかけのポスターに用いられている。

それには上端に左書きで「大東亞戰爭完遂・翼贊選擧貫徹」、左端に縦書きで「四月三十日總選擧」、右下端に大書き三行で「大東亞　築く力だこの一票」、そして左下に枠付き四行の「内務省　情報局　大政翼賛會　選擧粛正中央聯盟」が印刷されている。背景には茶系モノカラーで青年が描かれ、議事堂も見える。北朝鮮や解放改革前の中国のポスターかと、見紛うばかりの構図と標語である。

ここでは山口左右平の翼賛選挙について述べる。

3　雨岳文庫資料について

翼賛選挙に関する雨岳文庫資料は、
・二つ折り公告紙『翼賛政治體制協議会推薦衆議院議員候補者山口左右平』
・一五〇字詰原稿用紙日本農林新聞社原稿用紙一六頁手書き『絶對勝利の覺悟』
・四〇〇字詰原稿用紙手書き一〇枚『立候補に當って所信を訴ふ』
・活字謄写印刷七頁『立候補の御挨拶』
・二〇〇字詰産業組合中央会原稿用紙六頁手書き『挨拶』
・一五〇字詰日本農林新聞社原稿用紙一六頁手書き『絶對勝利の覺悟』
・四〇〇字詰原稿用紙手書き一〇枚『立候補に當って所信を訴ふ』
・二〇〇字詰産業組合中央会原稿用紙四頁手書き『立候補に当って所信を訴ふ』
・二〇〇字詰産業組合中央会原稿用紙四頁手書き『私の抱負』
・産業組合中央会用箋に活字謄写印刷一枚『所信を訴ふ』
・二〇〇字詰産業組合中央会原稿用紙三頁手書き『所信を訴ふ』
以上のうちから主な四点について検討し、これらの参考にされたと思われる鉄筆謄写印刷の無題「衆議院議員候補者助川啓四郎」名の所信について述べる。

4　雨岳文庫資料から

（1）『翼賛政治體制協議会推薦衆議院議員候補者山口左右平』

一面の右上に白抜き文字で紙名として、

「翼賛政治體制協議會　推薦　衆議院議員候補者　山口左右平《ヤマグチサウヘイ》」

そして「立候補の御挨拶　山口左右平」があって、写真入りで文章が掲載されている。

上には横書きで「送れ新鋭！築け大東亞！」

本文にはすべて平仮名でルビが付されている。

「立候補の御挨拶　山口左右平

大東亜戦争の下《もと》、国民鉄石の決意を中外に顕示すべき今次の総選挙に当りまして、先輩諸賢の熱烈なる御推挽を蒙り、特に翼賛政治体制協議会の推薦を頂き、非才を顧みず立候補致しましたにつきまして、茲《ここ》に抱負の一端を披瀝し、各位の御支援を御願致すしだいであります。

「戦はかつべきものぞ」と謂はれて居ります。戦争にやぶれては国家もなく、国民もありませぬ。されば国家にとって、戦争は政治の極みであり、戦ひ勝つためには最高の政治力が結集されなければならぬのであります。

殊に今回の大東亜戦争は東亜十億の被圧迫民族を解放し、新たなる秩序を建設せんとするものでありまして、日本はその武力戦の唯一の担当者であると共に、物心全面に亘る建設戦の実力的指導者となら

（1）

遂れ新鋭！
築け大東亜！

翼賛政治體制協議會推薦
衆議院議員候補者

山口左右平《ヤマグチサウヘイ》

立候補の御挨拶

山口左右平

大東亜戰爭の下、國民鐵石の決意を中外に顯示すべき今次の總選擧に當りまして、先輩諸賢の熱烈なる御推挽を蒙り、特に翼賛政治體制協議會の推薦を頂き、菲才を顧みず立候補致しました
…きまして、茲に…
各位の御支援を御願致す次第であります

「戰は勝つべきものぞ」と謂はれて居ります。戰爭に破れては國家もなく、國民もありませぬ。されば國家にとつて、戰爭は政治の極みであり、戰ひ勝つためには最高の政治力が結集されなければならぬのであります。

殊に今回の大東亜戰爭は東亜十億の被壓迫民族を解放し、新たなる秩序を建設せんとするものでありまして、日本はその武力戰の唯一の擔當者であると共に、物心全面に亘る建設戰の實力的指導者とならねばならぬのであります。實に神聖、宏壯なる聖業と稱すべく、又其完遂の容易ならざるを思ふのであります。之が爲強力なる政治體制確立の必要が、今や國を擧げて痛感されて居るのであります。

幸にして
稜威と、皇軍
義烈とによ
捷の中にその
た。國民等し
へぬ所であり
の今後の任務

擧げて、愈々此の武力の基礎を固くし、
務たる大東亜の建設の指導者たるべき新
進するにあると考へるのであります。
私は以上の考へ方を根本とし、自己の

に日本の農山漁村に思を致すものであり
もなく農村は強兵の母胎であり、食糧の
國家が常に民族の血液の源泉として健康
し國民の基礎食糧を自給し得る農林漁業
ばならぬことは、今次の經驗が最も明瞭
でありまして、此の眞理は如何なる時代
あり、今後所謂南方農業發展の曉に於き
疑ることなきものと確信致します。南方
とは相互にその發展を助け合ふものとい
さるべきであると考へるのであります
農山漁村の問題と關聯して、その文化

衆議院議員立候補の挨拶文

No. 1

挨拶

大東亜戦争の下国民鉄石の決意を中外に顕示すべき今次の総選挙に当りまして先輩諸賢の熱烈なる御推挽を蒙り、菲才を顧みず立候補致し特に翼賛政治体制協議会の推薦を頂きましたのでありまして、茲に郷党の一端を投じ各位の御支援を御願致す次第であります。

「戦は勝つべきものぞ」と謂はれて居ります。戦争に破れては国家もなく、国民も

ねばならぬのであります。実に神聖、宏荘なる聖業と称すべく、又其完遂の容易ならざるを思ふのであります。之が為強力なる政治体制確立の必要が、今や国を挙げて痛感されて居るのであります。

幸にして　天皇陛下の大御稜威《おほみいづ》と、皇軍将兵諸士の忠勇義烈とにより、武力戦は大捷《たいせふ》の中《うち》にその緒戦を終りました。国

民等しく感謝感激に堪へぬ所であります。ゆえに私共《わたくしども》の今後の任務は国民の総力を挙げて、愈々《いよいよ》此の武力の基礎を固くし、更に第二段の任務たる大東亜の建設の指導者たるべき新日本の建設に邁進するにあると考へるのであります。

私は以上の考へ方を根本とし、自己の体験に鑑み、特に日本の農山漁村に思を致すものであります。申すまでもなく農村は強兵の母胎であり、食糧の倉凛《そうりん》であります。国家が常に民族の血液の源泉として健康なる農村を保持し国民の基礎食糧を自給し得る農林漁業を確保しなければならぬことは、今次の経験が最も明瞭にこれを示すのでありまして、此の真理は如何なる時代をも貫くものであり、今後所謂《こんごいわゆる》南方農業発展の曉に於きましても、何等変ることなきものと確信致します。南方農業と日本《にっぽん》農業とは相互にその発展を助け合ふものといふ角度から施策さるべきであると考へるのであります。

農山漁村の問題と関聯《かんれん》して、その文化的、経済的中心としての地方中小都市を考へざるを得ませぬ。今や中小都市の現実として、中小商工業整理の問題が重要でありまするが、東亜共栄圏の経済的発展は中小商工業者に必ず輝しき将来を約束するでありませう。又人口、産業の地方分散を必要とする国土計画の進捗《しんちょく》は、今後地方中小都市の健全なる再建を要求するでありませう。

かくして、私は明朗なる農漁山村と、其の文化的中心たる地方都市の発展に死力を尽し、この方面を通じて輝かしき新日本の建設に挺身せんとするものであります。

幸に各位の深甚なる御後援あらんことを重ねて懇願する次第であります。」

つづいて「山口左右平略歴」が掲載されている。

山口左右平の論旨をみると、まず「戦争にやぶれては国家もなく、国民もありませぬ」である。そして、「大東亜戦争は東亜十億の被圧迫民族を解放し、新たなる秩序を建設せんとする」という戦争の大義を示し、それが西欧支配を排除して東洋人によるアジア再構築であるとする。その大義を担うのが日本で、「日本はその武力戦の唯一の担当者であると共に、物心全面に亘る建設戦の実力的指導者」であるから、まず武力で一掃してのち、皇国の精神によって新たな秩序を構成する。それには、「強力なる政治体制確立の必要が」あると述べている。

以上の論理は、田中智学や石原莞爾から近衛の新政治体制、そしてこの選挙を企てた翼賛政治体制協議会さらにその後の大政翼賛会に至るまで、共通したものである。

殊に、敗れては国家も国民もない、という言辞によって悲痛な義務感に押しつぶされそうになりながら若者は応召したのだった。その最たるものが特攻隊員あった。

この語句は、戦争を企てる権力者、企てた者の側にはないはずのものである。つまり赤紙召集兵はもちろんのこと、山口左右平も多くの国民も、既にはじめられてしまった進行中の戦争にあっては、否も応もない選択の余地がない状況なのである。

しかし結果的には、国も民も存続した。もうすでに世界は、植民地統治がリスクの多い方法であることに気がついていた時代であった。とくに日本のような歴史・文化の浸透している国に対しては。

「幸にして　天皇陛下の大御稜威《おほみいづ》と、皇軍将兵諸士の忠勇義烈とにより、武力戦は大捷《たいせふ》の中《うち》にその緒戦を終りました。」

これは満州がソ連と接しながらも、脅威が薄れたとして南方に重点を移し、その結果の日米戦に一時的に優位に立った直後で、軍・政府・新聞の説くところであった。

　ここからが産業組合中央会の経歴を活かす山口左右平の舞台となる。

「農村は強兵の母胎であり、食糧の倉凜《さうりん》」というのは、明治以来の富国強兵下の農本主義の第一義である。

「南方農業と日本《にっぽん》農業とは相互にその発展を助け合ふものといふ角度から施策さるべきである」とあるように、鐘紡の農業プランも満州から南方へと展開していった。その農村を追うように、「中小商工業整理の問題が重要」「人口、産業の地方分散を必要とする国土計画」は、中小都市の商工業を対象にした事業と人口の再配分を目的に、国土計画が議論されていたころである。

　二面と三面には横書きで「進め貫け！米英に最後のとゞめ刺す日まで！」

中央には富士山の写真に「山口左右平推薦の言葉」として「推薦状」が載る。

「衆議院議員候補者　山口左右平君
　本協議会は大東亜戦争の目的を完遂するため、国民の総力を、結集して清新強力なる翼賛議会を確立することが、絶対に必要であるとの国家的見地に立ちて生れ出《いで》たものであります。爾来慎重審議を重ねました結果、右候補者は人格識見高く、真に時局の要請する人材であることを信じ、茲に御推薦申上げます。何卒貴下の一票を同君に投ぜられて、意義深き翼賛議会の確立に御協力あらんことを切望いたします。

　　昭和十七年四月五日
翼賛政治體制協議会　　」

のあとの連名筆字の署名は、会長陸軍大将阿部信行はじめ委員の面々で、大政翼賛会副総裁陸軍中将安

藤紀三郎、農業報国聯盟会長石黒忠篤、理化学研究所長理学博士子爵大河内正敏、陸軍大将小磯国昭、大政翼賛会中央協力会議々長後藤文夫、産業組合中央会々頭千石興太郎、日本商工会議所会頭藤山愛一郎、工業組合中央会会長、帝国農会長、大日本産業報国会々長、産業設備営団総裁、日本銀行総裁、大政翼賛会事務総長そのほかの総勢二三名である。

（釈註）大御稜威：神聖な威光、大捷＝大勝、倉凛＝穀倉

「日本農業再編成の使命　伯爵　酒井忠正」「農村建設の人材　荷見安」の推薦文のあと、「父祖の熱血を継ぐ新人　佐藤寛次」は、

「翼賛政治体制の確立は、経済文化、其他各般にわたる国内体制整備の基底をなすものであるが故に喫緊重大《きっきんじゅうだい》なる要務であります。此の思ふに今日ほど憂国至誠、実行力を有する真に有為の人物を要求してゐる時代はないのでありますが、山口左右平君の如きは、かゝる時代の要請に最も相応《ふさは》しい人物であると確信いたすのであります。私は同君の先考山口左一君とは多年の農政上に於て親交があり、その篤実真《とくじつしん》摯なる人格を熟知するものでありますが、いま新進気鋭の令息山口左右平君に先考の面影を彷彿と見るのであります。

かゝる新進有為の人材をして更に一層国事に尽さしめることは、今次総選挙の趣旨に合致する所以であると確信し、こゝに敢へて推薦いたす次第であります。」

として、先代山口左一も帝国議会における農政議員であったことにふれている。

（釈註）先考＝亡父

さらに「大業翼賛の熱意　伯爵　有馬頼寧」「世界に示す鉄石の決意　小磯国昭」「農業国策の推進的人物　後藤文夫」「得難き体験と豊富な識見　藤山愛一郎」がつづき、四面は左端に縦書きで「相模の

（２）

進め貫け！英米

推薦状

衆議院議員候補者　山口左右平君

本協議會は大東亞戰爭の目的を完遂するため、國民の總力を、結集して清新強力なる翼賛議會を確立することが、絶對に必要であるとの國家的見地に立ちて生れ出たものであります。爾來愼重審議を重ねました結果、右候補者は人格識見高く、眞に時局の要請する人材であることを信じ、茲に御推薦申上げます。何卒貴下の一票を同君に投ぜられて、意義深き翼賛議會の確立に御協力あらんことを切望いたします。

昭和十七年四月五日

翼賛政治體制協議會

會長　陸軍大將　阿部信行

委員　大政翼賛會副總裁　陸軍中將　安藤紀三郎

同　農業報國聯盟會長　石黒忠篤

同　衆議院議員　大麻唯男

同　理化學研究所長　工學博士　子爵　大河内正敏

同　貴族院議員　太田耕造

日本農業再編成の使命

伯爵　酒井忠正

（１）

新人山口君を語る

千石興太郎

相模の生んだ新鋭山口左右平を躍進

衆議院議員候補者

山口左右平

翼賛政治体制協議会からの推薦状（上）と千石興太郎の推薦文（下）

生んだ新鋭山口左右平を躍進日本の陣頭に立たしめよ」として「新人　山口君を語る」と題した産業組合中央会会頭千石興太郎の推薦文がある。長文ではあるが、左右平の経歴や人となりをうかがい知ることができるので、全文をここに掲載する。

「先日山口君が見えられ、今度の総選挙に郷里の人達から推されて居るがどうしたもんだらうと、御相談を受けたので二、三のことを訊《たづ》ねた後直《のちただ》ちに賛成した訳です。いや単に賛成したばかりでなく、大東亜戦争下に於ける我国の新政治体制確立のためには、同君の如き熱情的な壮年、文字通り有為の新人を翼賛議会におくることは私共の責務であるとさへ信じてゐる次第であります。

たしか山口君は昭和五年に京都帝国大学の経済学部を卒業すると、直ちに産業組合中央会に入られたと思ひますが、それからずっと十数年来、私共と一緒に働いてもらって居るのです。始め両三年は、極めてぢみな農村経済や農業政策に関する調査や編輯《へんしゅう》事務を担当し、それから総務課に移り、会内に於ける面倒な職制や人事の事務を手掛けた後《のち》、更に事業部に転じて産業組合運動の全国的な企画立案の枢機に参画して現在文書課長の要職にあるのです。

君の職場での仕事振りは、極めて几帳面で用意周到であり、従って同君の手掛けたものは、どんな調査や仕事にしても少しもそつがなく纏《まとま》ってゐるといふ訳で信頼されてゐます。また色んな協議会などでは、若いに似合はず世態《せたい》人情に通じてゐることと、豊富な常識に物を言はせて極めて適切なる意見を吐露されるので私共も教へられるところ甚だ少くありません。また山口君は同僚との交友や、部下の指導誘掖《ゆうえき》に非常に懇切熱心で行届いて居るやうで今では中央会上下の信望を一身に集めてゐると言ってよいと思ひます。

東京には御承知の通り沢山の農村団体があり、そして私も相当多くのこれ等の団体に関係して居りますが其処《そこ》に活動している若手の人達を見渡したところ、山口君程の高潔な人格と博《ひろ》い識見をもったものは、そうざらには無いと信じます。而《しか》して同君にとって最も貴重なものは、社会に対する強烈な正義観と農村及農村人に対する信仰的な情熱であらうと存じます。

× ×

山口君は、高等学校と大学を通じて専ら法制経済の学を修めたのでありますが、それにも拘らず自然科学や農業技術の問題に詳しく、其の道の専門家もかなはない程です。従って誰でも、農学出身者であるが如き印象を同君から受けます。又、山口君は農政や農業問題に就て議論する時が、最も自信に満ち気魄に溢れ、生甲斐ある様なよろこびの面持です。

要するに山口君と云ふ人物は、その思想も、感情も、生活も日本の農村、農民、農業を離れてあり得ない様な、近代インテリ型を破った壮年です。従って、内治《ないぢ》、外交に対する政治的所見も斯《か》かる観点から透徹した主張が展開されるのではないかと今から期待されます。

× ×

山口君は、相模大山の南麓、伊勢原町の近郊の旧家に嫡子として生れ、七八人もの兄弟と一緒に生ひたったのでありますが、同君の家柄には代々の政治家としての伝統が承《う》け継がれて居るのです。祖父の左七郎氏は明治廿三年初めて帝国議会が開設されたときに、第一回衆議院議員として選出され国事に尽瘁《じんすい》せられ、また先代左一氏も関東大震災直後の議会に於て特に農政関係の議員として活躍せられたと聞いて居ります。今度山口君が立候補を決意せられ、国事に挺身せられんとするのも、何かそうした山口家三代に亘る脈々たる政治的血液の流れが、運命的な迫力となって噴き出して来たとも考へられ、まことに偶然にあらずと言ふべきでせう。山口君の趣味と云ふか教養といふ様な方面は、これは上品な方で、碁、将棋とかいふ勝負事には縁がなく、絵画とか、文芸方面に浸ってゐる様ですが、変ってゐると思はれる趣味は造園や、園芸に関する観賞論でせう。これも或《あるい》は同君の生活環境と性格から生れた特異のものと言へませうか。

×　×

今度の大東亜戦争で布哇《ハワイ》真珠湾に於ける特別攻撃隊にしても、マレー半島や蘭印の攻略戦にしても、廿歳に満たない若い少年達の精悍な勇武に俟つところ極めて大なるものがあるので、是れ迄の様にうっかり若いものなどがと云ふ言葉は修正されなければならないと、先日某海軍少将から承って成程と思ひました。政治にしても経済、文化にしても百般の新体制を確立し、日本の世界新秩序建設への理想を実現せんとする為には、何んと言っても熱と力に満ちた若い人達に出て貰ひ、黴の生えた旧人には遠慮して貰はなければならないと存じます。斯《か》かる意味に於て、未《ま》だ三十歳台の山口君の如き多くの壮年を以て溌溂《はつらつ》たる翼賛議会が確立され、更新されることこそ国民全般の念願でなければならないと信じて疑ひません。敢《あへ》て山口君に就て語り、同君を推薦する所以であります。」

(2)『絶對勝利の覺悟』

この『絶對勝利の覺悟』の前段、「偉大なる緒戦の戦果を確保し、拡大するため一層武力の基礎を堅うすると共に建設戦遂行に必要なる新体制を築き上げ以て国家の総力を結集することである」までは、若干の文言の違いがあるだけで、既述のものと同じ内容である。

つづく「国内体制の整備」の項で政治力結集のための総選挙の必要性を述べ、「大東亜農林政策と日本の農林漁業」で、大東亜南方の農業資源と内地農業との調整問題に触れ、内地自給自足の確保のうえで、「経営規模の拡大、自作農の育成、団体の強化」を主張する。

「中小商工業問題」では、大東亜における経済発展のためには商工業の転業をも視野において、内地産業・人口の地方分散を意図した国土計画と関連させて進めるべきだとする。

（3）『立候補に當って所信を訴ふ』

「旧臘《きゅうろう》八日かしこくも米英に対する宣戦の大詔《たいしょう》を拝し奉り」と格調高くはじまり「戦争はこれからだ」として、「米英の自由主義や帝国主義」「東亜の諸民族を米英帝国主義の搾取と抑圧から解放する」ことと、「南方の資源を開発しその豊富な物資」で戦争を完遂する。

「大東亜共栄圏建設には強く立派な国内体制が必要だ」と、翼賛体制の必要性を説き、「指導民族としての責任と自覚」をもって「米英流の自由主義、帝国主義と異なる新秩序としての大東亜共栄圏を作る」。それには「農業生産の増強」とともに「人格や技倆や生活態度において模範」となることを要する。

また、経済統制によって「転業を余儀なくされてゐる中小商工業者の問題」は、「国家のためとは云へ先祖代々の家業を棄てねばならぬ中小商工業者の生活問題は政治的に充分の理解と同情を以て扱はれると同時に、新農村の建設とも関聯させて、国家目的の達成のために合理的に解決されなければならない」という主張も、既に記した論旨に沿ったものであるが、四〇〇字詰一〇枚という長文で細かに論述されている。

（釈註）旧臘　：　臘月は陰暦十二月、旧臘は昨年の十二月のこと。
大詔　：　天皇の詔勅、みことのり。

（4）『立候補の御挨拶』

「米英の東亜覇権の野望」を打ち砕いて新しい世界秩序を創成するという歴史的な時代にいる「今日の日本国民ほど光栄の月日の下に生れ合はせた国民は古今東西を通じてない」といい、この戦争が長期戦である、との認識は石原莞爾の世界最終戦争論を彷彿とさせる。

「今回の総選挙を機として、翼賛議会の確立を期せらるゝ所以《ゆえん》のものは、実に此の国家の総力を大東亜戦完遂の一点に結集せんとする趣旨に外ならない」。

「労力、資材、資金の統制問題にしても、配給統制、価格統制、企業統制の問題にしても、何《いず》れもその基調を生産力拡充」におかなければならない、として農業問題におよび商工業に関連しては、これまでよりも問題点を具体的に記している。

「国内産業はあらゆる部面にその合理化、能率化を促進することに依って其の余力を南方の指導開発経営に向けなければなりません。中小企業の整理合同や、中小商工業者の転業問題は今日時局の要請から已むを得ない所である」。

（5）『衆議院議員候補者助川啓四郎の所信』

助川啓四郎の所信表明の文章は、八紘為宇の理想が今上天皇の大稜威の下に実現されつつある、という論調ではじまって、対米英戦の驚異的戦果に決意を新たにして翼賛政治体制を進めよう、と提言する。そして翼賛政治体制の促進の主旨から「自由民権の思想に依って歪められたる吾が国民の政治理念を払拭」する「政治新体制の確立」そして「東亜農林政策の確立」「農業新体制の創建」を掲げ、「貯蓄の増強と軍需物資の供給確保」「中小商工業の整理統合」などの項目について主張を展開している。

左右平は立候補の挨拶文作成にあたって、参考資料のひとつにしたものと思われる。

助川啓四郎は農村議員同盟の中心人物で、警視庁情報課の資料「特秘　第八一回帝国議会諸問題」には、「本同盟ハ産業組合ノ外郭団体ノ観アリ有馬頼寧、千石興太郎、石黒忠篤等ノ領導ニ依リ産業組合ヲ中心トシテ政治活動ヲナシツツアリ」とあり、助川の所信が千石経由で山口左右平にもたらされたものらしいことがわかる。雨岳文庫には二部残されている。

助川啓四郎は明治三十九年（一九〇六）、早稲田大学専門部政治経済科を卒業した。昭和五年（一九三〇）以降衆議院議員となり、第一次近衛内閣では農林参与官を務めた。

柳田国男の『農政学』は、早稲田大学政治経済科講義録として明治三十五年から三十八年にかけて早稲田大学出版部より刊行されたものであるから、助川も柳田農政学の講義を受けていたものと思われる。

助川の著書『大東亜戦争の展開と農業問題』は、法律条文とそれらの目的まで、さらに農林漁業の問題をも網羅している。

「本報告書は、大東亜戦争の遂行と大東亜の建設に関し農村民が特に認識せねばならない事項を蒐集した」として、「政府は宜しく不動の国是に則り不抜の民意に信頼し敢然起つて帝國の存立と権威とを保持し以て大東亜共栄圏を建設し世界永遠の平和を確立すべし」という東条首相の施政方針や、翌日の衆議院での決議案可決の詳細も記述されている。

農業経営の再編成の章で、自作農化を進めて経営規模拡大を図り、耕地交換分合によって集団農地を造成し、有畜・機械化によって協力体制を強化し、それによる人口余剰分を満州へ送出する、と述べている。

『戦力増強と農村問題』には昭和十九年二月付け千石興太郎の序文があり、

「故従四位勲三等衆議院議員助川啓四郎君は、昨年十月四日、日満食糧自給体制確立の重要任務を帯び、満州国政府と打合の為出張の途中、不幸にも関釜連絡船崑崙丸に乗船、沖の島東方十海里の地点に於て、敵潜水艦の攻撃に遭遇し、同僚議員並随員二名と共に空しく玄海の潮と消え去られた」ではじまり、昭和十二年四月に、

「農村関係の同志議員を糾合して農村振興議員同盟を組織し、後推されて幹事長に就任、毎議会に重要農林政策を掲げて、政府施策の実施に貢献」したと評価し、

「本書は農業団体法案、農業保険改正法律案、皇国農村確立等幾多の重要農林政策の提案せられたる、昨第八十一議会に於ける同君の議会報告書である。」としている。

翼賛選挙における神奈川県の当選者は、一区（中助松、田辺徳五郎、佐久間道夫）、二区（吉植庄亮、伊藤清、今井健彦）、三区（平川松太郎、河野一郎、安藤覚、山口左右平）で、このうち非推薦は河野

一郎のみであった。

【参考文献】

『図説昭和の歴史　八　戦争と国民』一九八〇年　集英社
『農民指導者三宅正一の戦中・戦後』横関至　二〇〇五年「大原社会問題研究所雑誌」No.五五九　法政大学
『戦時体制下の農村対策』助川啓四郎　一九三八年　日本青年教育会
『大東亜戦争の展開と農業問題』助川啓四郎　一九四二年「中央産業組合新聞叢書　第四輯」十九紫会
『戦力増強と農村問題』助川啓四郎　一九四四年　高山書院
雨岳文庫資料から『翼賛政治體制協議会推薦衆議院議員候補者山口左右平』『絶對勝利の覚悟』『立候補に當って所信を訴ふ』『立候補の御挨拶』『衆議院議員候補者助川啓四郎の所信』

四　帝国議会衆議院議員山口左右平

翼賛政治体制協議会推薦で立候補した山口左右平は、昭和十七年（一九四二）四月三十日の第二一回衆議院議員総選挙で当選し、山口家に三代つづいて帝国議会の代議士が誕生した。

1　雨岳文庫資料から

(1)『第八十回帝國議會　衆議院報告書』

表紙に、

「　昭和十七年六月
　第八十回帝國議會　衆議院報告書
　　　　衆議院議員　山口左右平　」

開くとさらに、

「第八十回帝國議會（衆議院）報告書」

と印刷してあるから、選挙区へ帰っての報告用資料として翼賛政治会から各議員に配布されたものであろう。

奥付には、発行所が東京市麹町区丸ノ内三ノ一四（大東亜会館内）翼賛政治会で昭和十七年七月一日発行となっている。

この議会は五月二十五日に召集され、天皇の勅語によって二十七日に開院式、そして二十九日が閉院式で、二日間の会期であった。この報告書の目次は以下のようになっている。

「　開院式と閉院式に賜りたる勅語
　一　緒　論
　二　臨時議会の成立
　三　首相の施政方針演説

四　皇軍将兵に対する感謝と慶弔決議
五　大東亜戦争と国際情勢
六　大東亜共栄圏建設の三重点
七　国内体制の強化
八　不動の銃後財政経済
九　生産力の現状と将来
一〇　戦時標準型船舶の増強案と船員の大量養成
一一　昭和十七年度追加予算案
十二　結　論
（附録）翼賛政治会役員氏名
翼賛政治会規約
」

「一、緒　論」に、

「政府が大東亜戦争遂行のため緊急案件として提出した計画造船の実施確保に関する法案竝に予算案を真摯なる態度を以て慎重議了し、二十九日閉院式を挙行せられて、茲に挙国一致、政府・議会渾然一体の姿を中外に普く示しつゝ、歴史的臨時議会を終了した。」

「総選挙にあらはれた一億国民の挙国的政治力の結集に対する国民的熱誠と政府の要請に応ふべく、五月二十日、貴衆両院を貫き、更に各界代表者を加へたる挙国政事結社として、翼賛政治会を結成した。会員は今日に於て貴族院議員三百三十一名、衆議院議員四百五十八名、各界加入者二百十二名、合計一千一名に達し、名実共に挙国的政治力の結集である。二十日の全発起人による創立総会は、会の規約宣言及綱領を決議し、同時に会員一致推挙せる阿部総裁より翼賛政治会の使命が説かれ、来賓として臨席せる東条首相よりも政府・翼賛政治会・大政翼賛会が三位一体となって臣道実践すべきことが強調されたのである。」

とあって、唯一の政事結社翼賛政治会が結成されたことを述べている。そして翼賛政治会の「宣言」「綱領」がつづいている。

「綱　領

一、国体の本義に基き、挙国的政治力を結集し、以て大東亜戦争完遂に邁進せんことを期す
一、憲法の条章に恪遵し翼賛議会の確立を期す
一、大政翼賛会と緊密なる連繋を保ち、相協力して大政翼賛運動の徹底を期す
一、大東亜共栄圏を確立して、世界新秩序の建設を期す」

（釈註）恪遵《かくじゅん》：つつしみ従うこと

「二、臨時議会の成立」では、二十二日に最初の代議士会を開いて院内役員を決定したあと、阿部総裁から挨拶があった要旨が掲載され、「召集された議会は、前議会までのやうな院内交渉団体は翼賛政治会を除いて存在せざるため、従来の各派交渉会は解消され、専ら議事の円満なる進行をはかるため、新に議員協議会が設けられ、正副議長の下にこの協議会によつて衆議院の運営方針が決定せられることゝなつた。」

二十五日に正副議長の選挙がおこなわれ、二十六日に各部属と議席が決められて衆議員の成立となった。翌二十七日十一時に貴族院で天皇の勅語を賜わって、本会議冒頭で勅語奉答文が可決され、それを議長が参内して天皇に俸読している。

報告書では「三、首相の施政方針演説」で、

「大東亜戦争の勃発以来未だ半歳に満たざる短期間におきまして、皇軍は随所に敵兵力を撃摧し、」「従来米英等の桎梏の下に呻吟して居りました大東亜の諸民族は今や、八紘為宇の大精神に包容せられ、各〃其の本然の姿に復帰し、新しき世界秩序建設の一翼を担当して、新生の第一歩を踏み出すに至りましたことは、洵に御同慶に堪へぬ次第であります。」

と演説を掲載し、「四、皇軍将兵に対する感謝と慶弔決議」で東条陸相と嶋田海相による戦況報告のあと、「皇軍の赫々たる大戦果に感謝し、また護国の英霊に対し粛然として敬弔の意を表するため」の決議案の理由説明があり、「満場一致これを可決した後、総員起立して戦死者の英霊に対し黙祷を捧げた。」とあって、その「決議案」と、「決議案説明要旨」が記載されている。

この要旨には「大東亜共栄圏を確立し、世界の維持を断行して、人類永遠の平和に貢献致しますことは洵に建国の大精神たる八紘を掩ひて宇と為すの皇謨を恢弘する所以でありまして、一億民族の栄光之に過ぐるものはありませせぬ。」

（釈註）　皇謨《こうぼ》：　天皇による偉大な計画
　　　　恢弘《かいこう》：　ひろく推し進めること

「六、大東亜共栄圏建設の三重点」として、

「一、大東亜各地域はその人的及び資源的特性を充分発揮して、以て大東亜全体の経済力の強化充実をはかること。
二、各国各地方の経済力が相倚り相助け以て大東亜の経済力を綜合発揮し、大東亜防衛に必要なる自主的国防力の基礎を完成すること。
三、共栄圏内の各住民は苦楽を共にし、各々その分に応じて協力すること。」
そして「十二、結　論」で、

「議事の進め方については従来の慣行を打破し、予算総会に於ける質問の如きも、翼賛政治会を代表して山崎達之輔氏のみこれに当り、他は取り纏めて補充的に予算委員長が質問を行ふことにしたのである。また五月二十八日の本会議の如きも、長時間に亘り議事を進め、翌日の審議に便ならしむる等の措置がとられたのである。斯くして、吾等は一致結束、以て協賛の誠を尽し得たことを欣ぶ。」

と述べ、形式的な議会運営の様子がうかがえる。

「(附録) 翼賛政治会役員氏名」には総裁阿部信行以下、石黒忠篤、千石興太郎、藤山愛一郎、山崎達之輔、横山助成など二八名が記載されている。

(2)『農政研究会第一回幹事会』

「世田谷区経堂町八六二　山口左右平殿」宛の速達封書である。

差出人は「東京市麹町区丸ノ内参町目壹番地　帝国農会内　農政研究会」、鉄筆謄写印刷の内容は、

昭和十七年六月一日開催の第一回幹事会の招集状である。

すでに五月二十九日の総会で、座長一任になった幹事小平権一、助川啓四郎、杉山元治郎、三宅正一、山口左右平など四八名の別紙名簿が同封されている。

(3) 翼賛政治会

① 『拓務委員会開催通知』

昭和十七年七月六日に丸ノ内大東亜会館二階会議室で予定の拓務委員会開催通知書である。

「　翼賛政治会政務調査会　拓務委員会委員長　中瀬拙夫

特ニ左記御諒承願上候

一、次回以降本委員会ハ議会内議員控室ニ於テ開催スルコト

一、議会ノ出入ハ総テ衆議院通用門ニ限ラルルコト

尚議員外ノ委員ハ必ズ翼賛政治会々員章ヲ佩用《はいよう》スルコト　」

② 「厚生委員会委員氏名通知」

昭和十八年六月八日付けの活字印刷文は、翼賛政治会政務調査会厚生委員会委員に指名したという通知。

翼賛政治会事務局長橋本清之助からのもので、

「本日阿部総裁より尊台を本会政務調査会厚生委員会委員指名相成候」

（4）農林省委員会

①『農林省委員第二回定例会同開催通知』

昭和十七年六月二十七日付で、農林大臣官房文書課長から「農林省委員山口左右平殿」宛の第二回定例会同開催通知書である。

八月十三日の午後、永田町の農林大臣官舎で開催予定の会議では、「調査出張に関する件」と「農事試験場及水産試験場御視察御案内に関する件」が議題になっている。

②『農林省委員第二回定例会同配布資料』

八月十三日の会議で配布された資料である。

「昭和十七年度農林省所管歳出予算」「基本国策要綱」やエネルギー源として重要な「最近ニ於ケル木炭事情」など一一点におよぶ。そのなかから農政が抱える問題をうかがい知ることができる「昭和十七年度農林省所管歳出予算」における「新規増加要求経費」の項目を書き出してみる。

・主要食糧増産・米穀生産奨励・特殊農作物改良増殖奨励・羊毛生産拡充・災害防止林業・林産物増産・水産物増産・油脂の生産配給統制・馬増産促進・食料品配給統制・農産物供出・農林漁業用資材配給・農産物等価格統制・蚕糸業合理化・農林計画化・農山漁村整備・小作料統制令施行・臨時農地価格統制令及び臨時農地等管理施行令・耕地整理事業債務整理・自作農創設維持・出征記念自作農創設維持・家畜保険・農林漁業災害共済調査・商工団体指導・中小工業再編成

「基本国策要綱」の資料は、すでに新聞発表したもの八点である。

一　基本国策要綱　　　　　（昭和一五、八、一　新聞発表）

二　国土計画ノ設定ニ付テ（昭和一五、九、二四　新聞発表）

三　日満支経済建設要綱　（新聞発表）

四　勤労新体制確立要綱　（昭和一五、一一、八　新聞発表）

五　人口政策確立要綱　　（昭和一六、一、二二　新聞発表）

六　交通政策要綱　　　　（昭和一六、二、一四　新聞発表）

七　日満支経済協議会設置ニ関スル件（新聞発表）

八　経済新体制確立要綱　（昭和一五、一二、八　新聞発表）

このなかから「基本国策要綱」と「人口政策確立要綱」をみる。

まず「基本国策要綱」では、「根本方針」として、

「皇国ノ国是ハ八紘一宇トスル肇国《ちょうこく》ノ大精神ニ基キ八紘一宇ヲ招来スルコトヲ以テ根本トシ先ヅ皇国ヲ核心トシ満支ノ強固ナル結合ヲ根幹トスル大東亜ノ新秩序ヲ建設スルニ在リ」

‚八紘一宇‛、‚大東亜ノ新秩序ヲ建設‛のキーワードで宣揚している。

「国防及外交」では、「現下ノ外交ハ大東亜ノ新秩序建設ヲ根幹トシ先ヅ其ノ重心ヲ支那事変ノ完遂ニ置く、としている。

「国内態勢ノ刷新」では、「官民協力一致各々其ノ職域ニ応ジ国家ニ奉公スルコトヲ基調トスル新国民

組織ノ確立」と「新政治体制ニ即応シ得ベキ議会翼賛体制ノ確立」を挙げ、「人口政策確立要綱」の「目的」は、

「一　人口ノ永遠ノ発展性ヲ確保スルコト
二　増殖力及資質ニ於テ他国ヲ凌駕スルモノトスルコト
三　高度国防国家ニ於ケル兵力及労力ノ必要ヲ確保スルコト
四　東亜諸民族ニ対スル指導力ヲ確保スル為其ノ適正ナル配置ヲナスコト　」

であり、精神的基盤として要求していることは、

「一　永遠ニ発展スベキ民族タルコトヲ自覚スルコト
二　個人ヲ基礎トスル世界観ヲ排シテ家ト民族トヲ基礎トスル世界観ノ確立、徹底ヲ図ルコト
三　東亜共栄圏ノ確立、発展ノ指導者タルノ矜持ト責務トヲ自覚スルコト
四　皇国ノ使命達成ハ内地人人口ノ量的及質的ノ飛躍的発展ヲ基本条件トスルノ認識ヲ徹底スルコト」

「人口増加ノ方策」では、人口増加のために出生増加と死亡減少を挙げ、「出生増加ノ方策」では、今後十年間に婚姻年齢を三年早め、一夫婦の出生数平均五児を目標とする具体的な方策一一項目を挙げている。

「積極的に結婚の紹介、斡旋、指導を行う」
「結婚費用の徹底的軽減とともに婚資貸付制度を創設」
「二〇歳を超える女子の就業は抑制するとともに婚姻を阻害するような雇用・就業条件を緩和・改善す

る」

「扶養家族の多い者の負担を軽減し独身者の負担を増す等租税政策に考慮する」

「家族の医療費、教育費その他の扶養費負担軽減を目的とする家族手当制度を確立する」

「多子家族に対し物資の優先配給、表彰、その他の優遇措置を講ずる」

「妊産婦乳幼児等の保護に関する制度を樹立し産院および乳児院の拡充、出産用衛生資材の配給確保等の方策を講ずる」

「死亡減少ノ方策」では、二〇年間に三五％低下を目標とし、結核対策の確立などのほか、

「保健所ヲ中心トスル保健指導網ノ確立スルコト」

「健康保険制度ヲ確充強化シテ之ヲ全国民ニ及スト共ニ医療給付ノ外予防ニ必要ナル諸般ノ給付ヲナサシムルコト」

「環境衛生施設ノ改善、特ニ庶民住宅ノ改善ヲ図ルコト」

「過労ノ防止ヲ図ル為国民生活ヲ刷新シテ充分ナル休養ヲ採リ得ル如クスルコト」

「国民栄養ノ改善ヲ図ル為栄養知識ノ普及徹底ヲ図ルト共ニ栄養食ノ普及、団体給食ノ拡充ヲナスコト」

「医育機関並ニ医療及予防施設ノ拡充ヲ為スト共ニ医育ヲ刷新シ予防医学ノ研究及普及ヲ図ルコト」

など七項目を挙げている。

「資質増強ノ方策」では、

「イ　大都市を疎開して人口を分散する、このために工場・学校等を地方に分散する
ロ　農村が兵力・労力の供給源である現状から、内地農業人口の一定数を維持し、日満支に内地人口

　の四割を農業に確保する

ハ　学校における青少年の精神的肉体的錬成を図るため、訓練を強化し体育施設を拡充する

ニ　都市人口激増の現状から都市における青少年の心身の錬成を強化して兵力・労力の供給源とする

」

などとしている。

これら「基本国策要綱」は昭和十五年（一九四〇）から、大政翼賛会文化部編の保健教本として、『乳幼児の育成』『結核の征服』『国民と栄養』『生活環境と健康』『母性の保護』等、啓発に努められている。

これらの活動は、終戦後の復興にもそのまま活用されることになる。

（5）満州視察旅行

①『農林省委員視察』

「農林省委員視察日程」の日程表は、「日數。月日。時間、發着、視察箇所其他」の項目を区割した縦書き四枚の活字印刷で、枠外に「満洲帝国政府」と印刷されている。

第一日　十月七日新京発～第十六日十月二十一日二三、二〇新京着

哈爾濱《はるぴん》・水曲柳・阿城（八紘開拓団視察）・横道河子（ロマノフカ村視察）・牡丹江（農場視察）・樺林（開拓団視察）・龍爪（緬羊牧場視察）・鶴立（土地改良状況視察、開拓地見学）・佳木斯（省公署訪問、農事試験場視察）・二龍山（特設農場）・北安（省公署）、克山（農場試験場視察）・扎蘭屯（鐘紡牧場視察、省公署）・哈爾濱・新京

同じ書式で一日目十月十九日新京発二二、五〇（車中泊）、二日目奉天・撫順・奉天泊、三日目溝帮子・磐山泊、四日目大窪泊・五日目田荘台・河北・営口・大石橋・奉天・十月二十三日大連着もある。

しかし第六日から予定が変更されたらしく、日にちがペン書きで修正されて早められた形跡があることから、二十一日新京着が十九日夜発で車中泊になったものであろう。

「満洲帝国政府」の予定表に添付されている視察施設は以下の通りである。

「　視察箇所

水曲柳開拓組合　哈爾濱開拓指導員訓練所
八紘開拓団　ロマノフカ村
報国農場　樺林（栗態）開拓団
龍爪開拓団　緬羊牧場
鶴立地区土地改良　国立農事試験場
鉄驪義勇隊訓練所　二龍山特設農場
鐘紡牧場　（薩爾図義勇隊開拓団）」

②『NOTE BOOK　農林省委員　山口左右平』

満州旅行に関するノートは二冊残されている。

まずこの市販の「NOTE BOOK」と印刷されているノートは、「10月8日　ハルピン訓練所」からの視察メモである。

「第五中隊ニ神奈川出身者ヲ訪ヌ」とあって、四名の出身地と氏名が記されている。ロマノフカの戸主アニシム・カルーギンの家族構成や経歴についての記録もある。

十月十二日　喜多見国（分散）入植地、十月十三日龍爪開拓団、佳木斯試験場や田荘台について、耕地面積、収穫量、農具、家畜等々が二〇ページにわたって詳細に記録されている。

③『第二回満州旅行』

ＭＡＲＵＺＥＮの「STENOGRAPHER' S NOTE BOOK」の表紙の「From」に「十月一日一九四二」、「Name」に「山口左右平東京市世田谷区経堂町二九八」と記入してある。「第二回満州旅行」と記されているが、その意味は不明である。日にちからすると、このほうが早い。しかも、一旦内地に帰ってからの行程ではないので、外地における前半と後半の意味かも知れない。

それはともかく、このノートは東京出立からの日記である。

「十月一日　曇

母の心入れの赤飯に朝食をしたゝめ手紙等整理の后、お変して昼食

途中橋本誠之助を溜池土居病院に見舞ふ、竹荷物を中央会ま

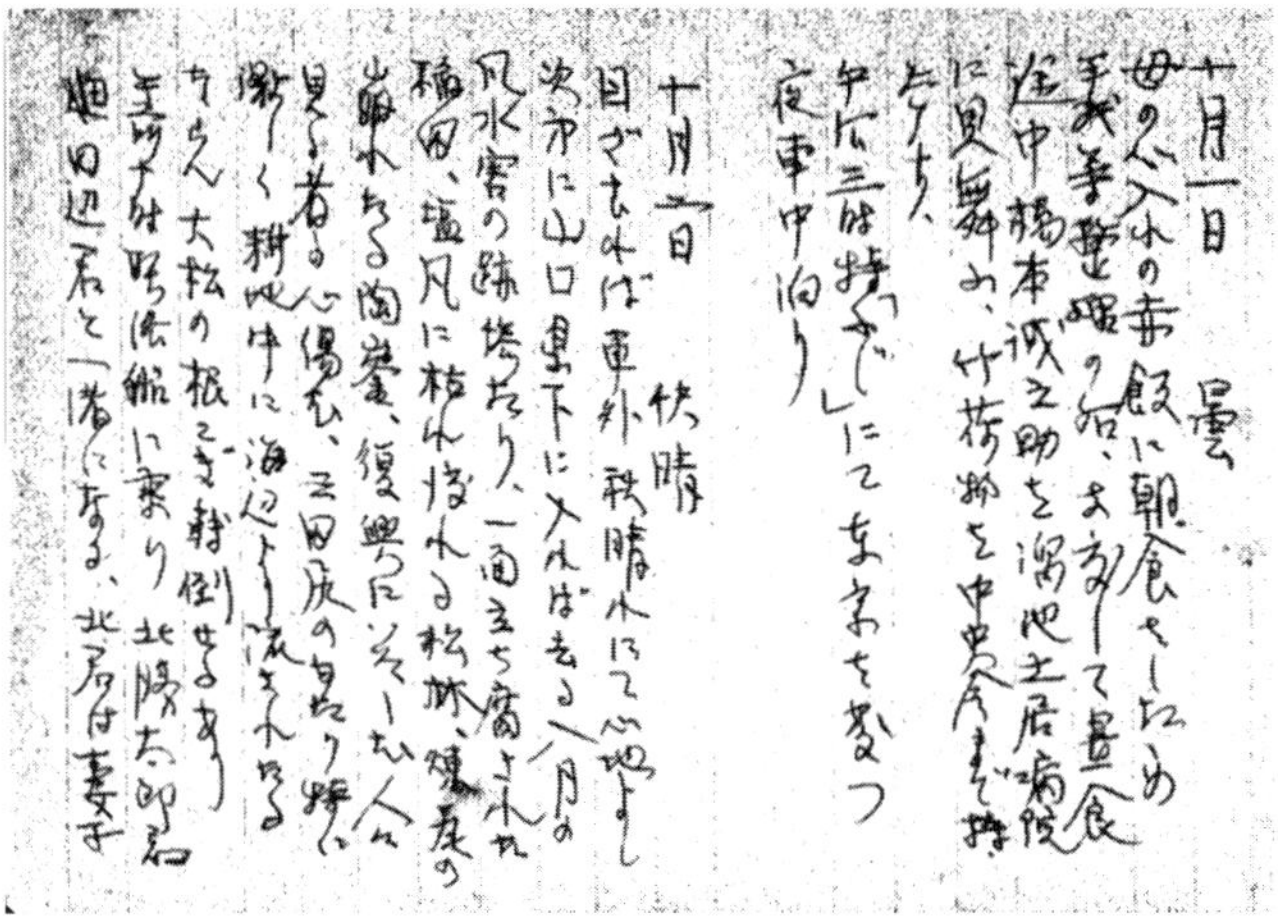

満州視察旅行の日記

で持参す、
午後三時特「ふじ」にて東京を発つ
夜車中泊り

　十月二日　快晴

目ざむれば車外秋晴れにて心地よし
次第に山口県下に入れば去る八月の風水害の跡惨憺たり、一面立ち腐された稲田、塩風に枯れ渡れる松林、煉瓦の崩れたる陶釜、復興にいそしむ人に見る者の心傷む、三田尻あたり特に激しく耕地中に海辺より流されたるならん大松の根こぎ転倒せるあり
午前十時連絡船に乗り北勝太郎君田辺君と一緒になる、北君は妻子縁者を同行、田辺氏は秘書景山君を伴ふ、
海上極めて平穏、冬支度にて暑きこと甚し、入出港附近は甲板に散歩を作さず室内にて弁当、
日暮釜山着、□教育事務所名和所長出迎ふ　十九時出発　北君は大邱にて一泊すと、夜車中泊

　十月三日　曇天

平壌を過ぎる頃醒む、朝霧深し、この鉄路今や大東亜圏の幹線として復線《ママ》工事を完成しつゝあり、斯て大東亜は着々として建設進捗しつゝあるをみて心強し、
鴨緑江の渡河はブラインドの中に過ぎ安東に着く、税関検査あり、ホームに下り立てばキャンデー、チョコレート売目につく、安東より漸くの間風景、住家、朝鮮と変りなく五龍背の辺より山峨々として異郷の趣あり、住家も亦満風となり田畝も亦水田少く高梁、大豆、小豆等多し

本渓湖に至り所謂東辺道重工地帯に入る。乗客も次第に多く遥かに撫順の辺黒煙空に棚引くをみる
奉天は六時頃夜となる。乗客益々多く流石の一等客も窮命する。
新京は予定よりは三分遅れ二三時半着、開拓総局も石井も出迎なく下車、田部氏一行ペストの注射未済の為抑留され十時半強制注射の後宿引に案内を頼み不敢取田部君の一行金華旅館に一泊、余は電車にて石井を白山住宅に訪ぬ、二時半頃まで話す、予て前回旅行の時奉天でみた石造の馬一対中、一匹石井買置き余に贈ると言ふ、その奇縁と好意と大に喜び持ち帰る事とする、
石井も近く帰らん、医療営団に入ると言ふ

　十月四日　曇天

朝は相当涼し、九時頃起床
開拓総局長五十寺巻三氏宅に電話し田辺君の宿を依頼す、
昼、協和会全聯会議に五十子氏を訪ね会へず、半原出身佐藤精一氏を訪問
覇気あり然ども既に角も取れた好老人約一時間半にて辞去、更に長澤信之助（厚中の先輩、大屋老校長の愛甥也）を訪問
夜は牛飼にて石井と会食をす、肉固けれど酒甘く量豊富なる趣走《ママ》に心大に豊に楽し　就床后八時就床

　十月五日　曇、雨

朝北君と同行開拓総局に五十子氏を訪ね旅程等打合せの后辞去、満拓に長澤、中村両氏を訊ぬ、
夜石井君の案内にて支那街に行き支那芝居をみる
夜は晴、星空となり寒さ身に沁む

十月六日　快晴

北、田辺両君大豊満ダム見物に行く

朝石井とつれ立って総務庁に会計科長牧野氏を訪問弘報処の資料をもらひ、昼食は軍人会館、食后南嶺の動物園をみ森君に多大世話になる、再び開拓総局を訪ね日程の打合をなし帰宅、夜は第一ホテルにて日程の打合をなし帰宅十時半

十月七日（水）晴

同行四人の外開拓総局より日高氏案内の為め参加、八時四十五分新京発ハルピンに向ふ、途中の広野は目下粟、高粱、大豆等の収穫期なり、ゆるやかなる丘の麓、黄葉のドロの木に囲まれたる屯あり秋は何地にても美しきものなり

　空高く丘ゆるやかに秋の屯

十四時半ハルピン着、日満会館に泊る

揃って市内見物、松花江の夕陽をみニーヤンの写真にて記念撮映をなす

ヨットクラブに行けるに最早閉止せるを以って水光亭と云ふロシヤ飯店にて食事すビール一杯にてやゝ生気あり、再び市中を歩みてカフェビクトリヤにて菓子を食ふ

大いにロシヤ気分を味ふ

八時半帰館九時就床

　松花江岸の柳の黄もみぢ

　対岸に秋日うするゝスンガリー

十月八日　曇

早朝訓練所行のバスを待つ　寒さ甚く待てどもバス来らず　香坊に至り之より訓練所まで馬車にて行く

川原所長に会ふ、温好、熱情の人なり

第五中隊の神奈川班に至り激励せり

帰還トラックにてハルピンに出ず　同行静岡県人石川敬敏氏は農業技術教士なり

田辺君風邪気味にて滞在、北氏日高氏と共に阿城に出発す　十八時頃阿城着

北君の就番の八紘開拓団は亜溝《ママ》より十粁にて爾后はトラック不通なりと　止なく阿城に泊る　阿城旅館家は支那民家にて汚きも掃除、料理案外にて心地よし

十月九日　小雨

日程の都合上八紘開拓団は中止し横道河子に向ふ、帽子山、密蜂駅の辺老爺嶺と称し紅葉なくわずかに散り残りたる黄葉あり坦々たる小丘の連続

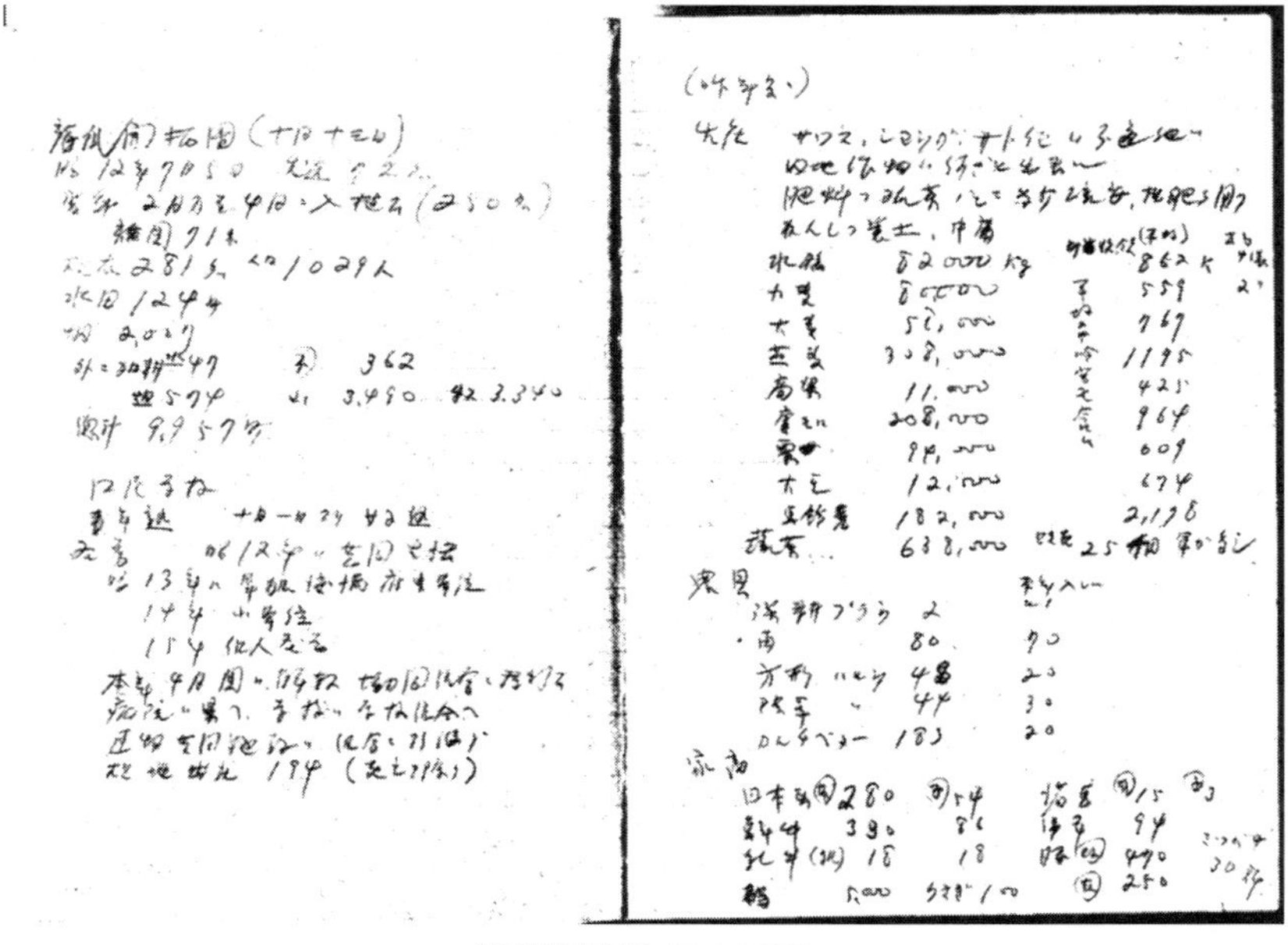

満洲視察旅行の日記

なり
一面坡附近より再び山地にかゝる、之亦老爺嶺とあり　バリコフの狩猟談にあるは之なるべし
　　樺やなぎ黄もみじ残る老爺嶺
　　秋深み樺のみ白し老爺嶺
日暮れ横道河子に着く省公署の阿部孝二郎君、駅長　　君出迎へ待遇極めてよし、駅長の案内にて別荘旅館に着く
　十月十日（土）朝雨　曇
早朝雨激しくロマノフカ見物取止め　寒さ甚しく風邪気味なり牡丹江に向ふ、
牡丹江に着十六時、気分いよいよ悪く早速就床せり
　十月十一日（日）曇后晴
兎も角雨も降らざれば七時二十分にて出発、横道河子の手前柳樹信号所に臨時停車を乞ひ下車、鉄路に沿ひ山端まで行き之よりロマノフカ村行の道路に出ず約一里半、山合の小高き丘上に村あり三十戸と聞くも納屋等多く立ち並びて百戸近くの村の体をなす
アニシムカルーギンの宅にて若き女房の話を聞き昼食をもらふ、今日は日曜にて且つ近所に結婚式あり食器一切貸したる為め黒パンと蜂蜜のみなりと
食后花嫁婿の挨拶に来るあり　何れも年若く愛ゆらし（男二十二、女十七）、
　　○ロマノフカ村
　秋深き渓間の煙りロマノフカ

ロシヤの子等遊ぶ川辺の秋の屯
花嫁のゆくや祭の秋の屯
馬遊ぶ牧野の彼方ロマノフカ
　○牡丹江
鱒つりの男の話牡丹江
蕎麦食ひに夜更る街や牡丹江
牡丹江兵士と語る夜長哉

　十月十二日　快晴（月）
牡丹江市滞在　喜多見開拓団視察
朝七時二十分発にて東京城に向ふ
朝靄の中に牡丹江の流を見つゝ行く
　鴨立つや朝靄こむる牡丹江
一行東京城より徒歩にて団に到る
団長真野氏に会ひ話を聞く、昼食を団にて用意、耕地、水田等見学して　帰途はトラックにて駅まで送らる、
数日来の鼻風邪いよいよ悪し、夕食は宿の定食にあきて「美加久」屋にて鳥すきを食ふ
牡丹江―東京城間牡丹江の流れ美くし流れに沿ふ支那屯、或は断崖、山すそ風光奇らしく変化に富み窓外の望楽し

十月十三日（火）

龍爪開拓団視察

朝八時半牡丹江発　再度龍爪村に来る

団長不在にて森木副団長より説明を聞き組合施設―家畜舎、醤油みそ醸造場、製米麦、製材場等をみ緬羊牧場を訪ぬ、田村場長会ふや否や作業員衣料の値ぶみを強ふ、曰く物価の高騰と経営上の苦労を述ぶ

品種多くはマリゴノール也

詳細別記

夜団に帰り寺院にて座談会を開き久保田来る山口県人の立志奮闘談を聞く　北氏彼の水稲除草試験、温ドルの話に熱中甚だしく談話の内容均衡を失して迷惑なり

田辺氏は島根部落に行き歓待の夕食にトウ然として来たる

夜一時半団員に強られて佳木斯に向ふ

十月十四日（水）晴

佳木斯省公署、国立試験場視察

公署にて開拓科長内藤氏、瀬下庁長に会ひ省内開拓事情を聞く、瀬下氏は満州国官吏らしき線の太さと欠けたる前歯の相貌は一種独特の感を与ふ、内藤氏は小柄温厚なれども聡明なる青年也

試験場にては金田場長より開拓団の現状を赤裸に聞く　彼は前北海道庁官吏にして開拓団営農の現状につき多くの意見を有ち、夜公署の人々と会食す

夜は本宮記念館宿泊所に泊る

十月十五日（木）晴

早朝住木斯を発ち　鉄麗《ママ》に向ふ

一行帰心参り殆ど視察計画を断りて帰途を急ぐ

途中、気温極めて高く　風邪の具合よし

この鉄路　山陰を縫ひ　渓谷を渡り　風光甚だ変化に富む　途中の林野亦立木豊富なり

夜十時鉄驪着、暗夜の駅に落立ち　迎へなく途法に暮る　偶々測候所のトラック来り　之に便乗して仝場に泊る　途中の夜道野火赤々として壮観なり

北満の闇夜遥けく野火赤し

測候所泊

十月十五《ママ》日（金）

夜温し、朝天候変り雲低く雨模様なり

測候所本部にて話を聞く間に雨降り始む、本日視察予定の北斗開拓団は中止して急ぎ本部施設を巡回せり

自動車、金具、木工、土工、鐵工、醸造、加工等夛く、未だ施設充分ならず訓練と言ふよりは訓練場の自家用を□ずるのみ

ガソリン車に送られて駅に至り十一時半荒気候一変して気温下る」

満州建国十周年慶祝記念電車バス乗車券

旅情にまかせて随所で俳句が浮かびながらも、窓外の光景にさえ農作物の観察は忘れない。牡丹江が大変気に入ったようだ。

この年昭和十七年は満洲国の建国一〇周年祝賀行事がおこなわれ、九月には新京で記念式典が挙行されている。

左右平が見学に訪れた松花江豊満ダムは、昭和十二年(一九三七)に建設が始まり、十八年(一九四三)三月に一号機の発電が開始された。

④ 鐘紡牧場

農林省委員山口左右平が、内地から送出された開拓村を視察したなかに、扎蘭屯(鐘紡牧場)があった。扎蘭屯は札蘭村のことであるが、ここでは帝国陸軍の南下にともなって、大陸からさらに南へ拡張していった鐘紡牧場について述べることにする。

昭和十一年(一九三六)十月、京城で開かれた朝鮮経済会議に出席した鐘紡の津田信吾社長は、鮮満旅行の途中、満州国総務長官星野直樹に会った。当時、満洲国・関東軍と経済界との足並みはそろっていなかった。

津田社長は、満州の人を働かせ満州の人を富ませることが満州政策の根本でなければならないとの持論を述べて、星野の理解を求めた。そして満州国が応援するからどこでも何でも好きなようにやれ、ということになった。

昭和十二年二月、鐘紡営業部に農務課(のちに農林部)が新設された。

かねてから池本の農業政策に共鳴していた石原莞爾（当時参謀本部戦争指導課長）は、「池本農業政策を中国・満州で実現することが、満州国設立後の中国との融和と、現地の五族協和実現の道を果たすことになる」との信念を抱いていた。そして昭和十一年九月、津田邸で石原は東京農業大学教授池本喜三夫と会い、二人は意気投合した。

津田も池本の農業政策に共鳴し、池本を鐘紡に招聘することになった。農務課長に任命し、農務関係についての予算・人事の権限一切を委ね、大陸での農務関係事業の拡大を計画した。

池本は入社とともに、農林省・大学・高等専門学校・試験場などをまわって三か月で人材を集めた。日本政府・朝鮮・中国・満州の官民に歓迎され、三、四年後には国内外に農牧場・林業所・加工場など一〇〇か所以上の建設が達成された。

河北省茶淀付近二〇か村七二〇〇haに学校・病院・試験場を含む総合的農村社会の実験場を建設し、北支農村社会のあるべき姿を実験したのである。

満洲では興安東省扎蘭屯付近に、民族協和と近代的大型機械化農業およびその加工業を含む農牧場を建設した。山口左右平が視察したのはこの大農場であった。

満洲国の必要とする軍馬や産業馬の育成および増殖をはかり、中型輓馬の種馬場を建設した。

吉林省王府に七〇〇〇haの農牧場で最新欧米式の農機や設備を整え、農産加工場として満州最初の澱粉工場もはじめた。

太原・済南付近から南京・上海付近・南通州・崇明島等に事業を進め、さらに南方の占領地域にもモデル農牧場・農村文化事業を建設していった。

（6）『山口左右平の動静』

昭和十七年十二月現在の担当職務の数々が記載されていて興味深い。

「　山口左右平の動静

　昭和十七年十二月現在

◎居　所

一、住　所　神奈川県中郡高部屋村上粕屋〆引

　　　　電話○伊勢原二番

一、寓　居　東京市世田谷区経堂町二九八番地

　　　　電話○世田谷五、一三一番

一、事務所　東京市麹町区有楽町一丁目十一番地

　　　　農業中央会館内　日本有畜機械農業協会

　　　　電話○丸ノ内二、五五一―五番

定期動静―日曜日は高部屋村に□普通週日は原則として経堂町ニ在泊

月火曜―不　定

水木曜―有畜機械農業協会

金（午後）土曜―翼賛政治会民情上通委員会其の他原則として在京中は事務所を中心として行動。

◎聯務《りょうむ》関係

一、衆議院議員席　号（第八控室）
一、農林省委員（毎月第二木曜農林大臣官舎にて委員会開催、其ノ前後に農林各施設見学）
同、農業団体統合に関する小委員会委員
一、翼賛政治会政務調査会
1、農林委員会委員
同、農村の維時育成に関する小委員会委員
2、大東亜委員会委員
同、拓務関係、農林関係事項担任
一、翼賛政治会民情通委員会
1、第一委員会（受理）委員（毎土曜午前十時―午后三時）
2、第二委員会（処理）委員（毎金曜午後二時ヨリ）
一、農村議員同盟幹事
麹町区有楽町一丁目十一番地　産業組合中央会館内
一、農政研究会常任幹事
麹町区丸ノ内三丁目一番地　帝国農会内
一、経済議員聯盟会員
一、教育振興議員同盟会員
一、産業組合中央会嘱託

一、帝国農会嘱託
一、中央農業協力会南方研究会理事
一、日本有畜機械農業協会常任理事
麹町区有楽町一丁目十一番地　産業組合中央会館内

（以　上）」

（7）九州災害視察

昭和十八年九月三十日から十月十一日まで、翼賛政治会政務調査会の九州地方水害状況視察に関連する文書である。

宮崎県の事務用箋四枚に、宮崎・大分・高田村等の被害状況の詳細を記している。

「九月三十日　東京出発
十月一日　下関着
二日　下関発　福岡着　地方行政協議会
三日　福岡発　川内視察ヲ経テ鹿児島
四日　鹿児島県下大隅地方視察　鹿児島泊
五日　〃　発都城ヲ圣《ママ》テ宮崎、高雄か　延岡泊
六日　延岡視察　泊
七日　延岡発、佐伯ヲ圣《ママ》テ別府着

八日　大分県下鶴崎方面視察
九日　別府発　高松着　泊
十日　県庁　高松発
十一日　帰京　」

昭和十八年九月二十二日付けで、大分郡松岡村長島居浪造名の「災害状況調査
九月二十日ノ風水害ニ依リ左記ノ通リ被害有之候」
ではじまる詳細な鉄筆謄写印刷の報告書類がある。
さらに臨時災害対策委員会の開催通知がある。

「政調第三二〇号
昭和十八年十月十五日
翼賛政治会政務調査会
臨時災害対策委員会
委員長　小笠原三九郎
委　員　各　位
政調関係役員各位
臨時災害対策委員会開催ノ件
首題ノ件左記ニ依リ開催致候御出席被下度此段及御通知候也

記

一、日　時　十月十九日（火曜日）午後一時

二、場　所　翼賛政治会本部

三、協議事項　対策立案ニ関スル件　」

九月三十日夜東京発から十月十一日東京着まで、視察地や各地での案内同行者等が記載された印刷物で、報告書の部分であろう。「風水害被害状況調（九月三十日現在）」が、長崎・福岡・大分・佐賀・熊本・宮崎・鹿児島に、被害項目ごとの表がある。

「第二　災害の状況」が八ページに亘って記載された文章があり、

「中国、四国、九州地方風水害竝鳥取県震災被害対策緊急処理要項」

には、復旧対策予算が今次臨時国会に提出されても成立しない場合には、緊急の措置として、予備金に計上して施作遂行に萬遺憾なきようにすることを記したうえで、次項では

「二、急速復旧事業ニ着手スルハ災害地方ノ民心ヲ安定セシムル所以ニシテ刻下ノ急務トス。」ともあり、

つづいて「臨時災害対策処理要綱」は「第一　方針」「第二　要領」として要点を示し、

「昭和十八年九月

四国、中国地方水害対策要綱

翼賛政治会　」

と表紙を付して一三項にわたって述べている。その最初に、

「一、今次災害ハ局地的ナルモ其ノ程度激甚ヲ極メ、而カモ被害者ノ多数ハ農民並ニ中小商業者ナル特

異性ヲ有シテ災害ノ自力復興ハ容易ニ之ヲ期シ得ザルニ鑑ミ、特ニ国家的助成ヲ以テ施設ヲ実施シ、決戦下国民士気ノ昂揚、食糧増産ノ要務ニ寄与スルコト緊要ナリトス」
と、被害が農民・中小商業者に集中しているので国の助成をもって決戦時の国民の士気高揚・食糧増産に支障のないような施策の必要を述べている。
「颱風被害状況（第十四報）　警保局
昭和十八年九月二十七日午前十時
其ノ後判明セル被害累計左ノ如シ　」
と、鉄筆謄写印刷の詳細な被害状況の記録もある。

（8）北海道視察

昭和十八年十二月十日消印の速達封書の資料である。
「肥料製造会社実情視察北海道班日程
翼賛政治会
東京都麹町区永田町二ノ一二
期　日　十二月十日至十二月十六日（七日間）
調査地　北海道小樽港、東洋高圧砂川工場
衆議院議員　村上国吉
同　山口左右平

十二月十　日（金）上野発　十七、三〇　車中泊
十二月十一日（土）青森着　七、三〇
函館着　一三、四〇
小樽着　一九、〇九　小樽泊
十二月十二日（日）小樽港肥料資材荷役実情視察
小樽発　一四、四一
砂川着　一七、五四　砂川泊
十二月十三日（月）東洋高圧砂川工場視察
砂川泊
十二月十四日（火）砂川発　七、四〇
函館着　一九、三三　函館泊
十二月十五日（水）函館発
函館着
青森発　二〇、〇〇　車中泊
十二月十六日（木）上野着　一〇、三〇
」

別紙の「東洋高圧工業北海道工業所視察旅行予定表」には、宿泊ホテルも印刷されている。

（9）その他の議員活動

帝国議会議員ともなると、種々の依頼が舞い込む。それらのなかから、いくつかを拾ってみる。

①『野蚕についての書簡』

「東京市世田谷区経堂二九八　山口左右平様　御執事御中」で至急親展の封書がある。封筒裏面に「神奈川県高座郡相模原町上溝二五二四　小林與次右エ門」と印刷されている。

議会のことを新聞で知り、感想を「東朝」で読んでの書簡である。五月二十九日付けで、「農林大臣に近く親しくして居られる貴殿の努力に御願ひいたしたいと思ひます」として別紙に、

「　全国でもあまり類例の少いといふ話でもあり又昔からかゝるためしは誰も聞いた事が少いといはれますが

神奈川県下に於て主要養蚕地ある高座郡相模原町地方に「野蚕」の大発生を見るいたり家蚕の絶対食料たる桑葉を食い荒して養蚕農家に大損害を蒙らしめために五□の蚕児をバ巳むなく棄てなければならぬといふ惨事が毎日行われて居ります　昨二十九日は農林省から蚕種課の野崎技手、日本蚕糸統制株式会社の母袋技師□に御願ひいたして実状視察調査を御願ひいたしました　被害の最甚しい相模原町の中、上溝、地方だけでも甚損害い《ママ》二十数万円に上る見込みです　一地方の問題ではありますが、事、国策綿《ママ》に大なるかゝはりを持つ事でありますから此際是非共、農林省当局に御相談上り対策を至急に御願ひいたしたいと思ひます

先意見次第陳情に参るなり応急対策の愚見を御類考の一端に申上るなりしたいと思ひます

先都合がつきましたら此被害の模様をば農林省の野崎技手から報告を御願ひいたします　」

一般には蚕というと養蚕の蚕のことを意味するが、野蚕《やさん》あるいは山繭《やままゆ》は野生の蚕で、養蚕の蚕に対語として用いられている言葉である。したがっていわゆる家畜として養蚕がはじまるまでは、野蚕から絹糸を採っていたわけで、現在でも色艶強度を好む人がいるようである。いずれにしても、この手紙のように、大量発生とあっては餌の取り合いになって、被害甚大ということになる。農林議員としての山口左右平への陳情文である。

②『甘藷試作』

野蚕につづいて、新種の甘藷についての葉書を取り上げよう。

山口左右平の姉の嫁ぎ先「二宮町原田　安藤」から昭和十八年五月二十七日付け、「神奈川県中郡高部屋村〆引　山口左右平様」宛てである。

「　拝啓

　甘藷新品種「沖縄一〇〇号」七十本程送附仕り候間御試作被下度く右品種ハ八月下旬―九月上旬ニ収穫出来得ル早生ノ優良品種ニ御座候　」

というものである。神奈川では、まだ珍しかったもののようである。ここでは新種とされている沖縄一〇〇号であるが、沖縄県の糖業試験場で開発され、昭和九年（一九三四）に認可された品種で、甘みは少ないが施肥にかかわらず早生で収量が多いことから、戦前戦後の食糧不足の時期に奨励された。

③『有馬頼寧と千石興太郎の揮毫を依頼される』

「東京市世田谷区経堂町二八九番地　山口左右平様」宛ての封書の差出人「神奈川県茅ケ崎町茅ヶ崎四九三一　西ノ宮音次郎」は、山口左右平立候補の翼賛選挙に尽力し、そうした後援者に対しておこなわれた当選後の慰労の会のことである。招待されたことへのお礼のあと、その場で依頼した扁額・掛軸用の揮毫についてふれている。

茅ヶ崎産業組合と思われる新しい事務所に、有馬頼寧と千石興太郎の筆跡を掲げたいという趣旨のようである。

「組合事務所も本月中旬頃には落成の運ひと相成り申可く候につき有馬、仙石、両閣下の御染筆賜り度組合長よりも特に宜敷御依頼申し居候」

といい、扁額用でも掛軸用でもかまわないという改めてのお願いである。

「尚も此の上何共も申し上げ難き次第に候へ共磯崎組合長及私奴のため扁額用掛軸用いづれにても宜敷候間頂戴致し度御願ひ申し得れば永久の家宝として子孫に相伝へ度存じ候間此の義是非共御尽力賜り度切に々御願ひ申し上候

昭和十七年六月一日　」

④『当選祝の返礼』

寄せられた当選祝の返礼用に用意された活字印刷の葉書である。

「　拝啓　今次の総選挙に当り大方の御後援により幸にも当選の栄を得候ところ早速御鄭重なる御祝辞を賜り有難く厚く御礼申上候

就ては向后は尊心奉公以って御期待に添ひ申度と存候間よろしく御指導御支援の程御願申上候

敬　具

昭和十七年五月

神奈川県中郡高部屋村上粕屋八六二

山　口　左　右　平　」

⑤『神奈川県町村長会第二十三回通常総会』

「神奈川県町村長会長　加藤小兵衛」から「衆議院議員　山口左右平殿」宛ての封書である。裏には下書きと思われる招聘謝絶の手書き文がある。

町村長会総会は宮城遥拝、黙祷、国歌斉唱、詔書奉読ではじまる。

「　昭和十七年六月二十六日十時半より　足柄下郡湯本町国民学校講堂

第二三回通常総会

閉会後五時より塔之澤環翠楼において懇親会

神奈川県町村長会長　加藤小兵衛

衆議院議員　山口左右平殿　」

「　一、総会次第

（一）開会の辞

（二）宮城遥拝

（三）黙　祷
（四）国歌斉唱
（五）詔書奉読
（六）自治功労者表彰
（七）会長挨拶
（八）知事告辞
（九）来賓祝辞
（一〇）被表彰者答辞
（一一）会務報告
（一二）議　事
（宣言、決議、各□提出事項）
（一三）閉会ノ辞
二、講　演（午後一時開始）
演　題「米英ノ苦悩悶トゲリラ戦」
読売新聞講演部長　小西民治
」

⑥　戦没兵士の合同町村葬

南秦野町、大田村、茅ヶ崎町の合同葬案内が四通残されている。

『南秦野町合同町葬』

神奈川県中郡南秦野町長綾部喜代治から「中郡高部屋村　衆議院議員　山口左右平殿」宛ての封筒入り鉄筆謄写版印刷葉書で、昭和十七年十二月十六日午後一時三〇分から中郡南秦野町国民学校でおこなわれた。

「　拝啓　今次聖戦ニ於テ赫々タル武勲ヲ樹テ終ニ名誉ノ戦死ヲ遂ゲラレタル　」

以下に八名の階級と氏名があり、

「町葬儀左記ニ依リ執行可仕候是非共賁臨ノ栄ヲ賜度此段御案内申上候」

昭和十八年五月三十一日午後二時からも、南秦野町国民学校でおこなわれた。ほぼ同じ文面で、

「拝啓今次聖戦ニ於テ赫々タル武勲ヲ樹テ終ニ名誉ノ戦死ヲ遂ゲラレタル」

以下に四名の階級と氏名があり、

「　町葬儀左記ニ依リ執行可仕候條御賁臨ノ段御案内申上候　」

とある。

（釈註）　賁臨　：　'ひりん' または 'ふんりん' と読み、光臨と同義

『大田村葬』

神奈川県中郡大田村の村長麻生孝治から「中郡高部屋村　山口左右平殿」宛て封筒入り活字印刷の葉書で、昭和十八年五月二十九日一時自宅出棺、二時挙式、式場大田村国民学校

「　拝啓大東亜戦争ニ於テ赫々タル武勲ヲ樹テ皇国ニ殉セラレタル故陸軍伍長手川富蔵君ノ村葬儀ヲ左

記ニ依リ執行可致ニ付萬障御差繰ノ上御貴臨ノ栄ヲ賜リ度此段御案内申上候　」

『茅ヶ崎町合同町葬』

神奈川県高座郡茅ヶ崎町の町長島崎鐐助から「中郡高部屋村　衆議院議員　山口左右平殿」宛て封筒入り活字印刷の葉書で、「拝啓　当町出身」につづいて陸軍七名、海軍一名があり、「ノ町葬ヲ左記ノ通リ執行致シ候御参列被下度此段御案内申上候」

昭和十八年七月五日午後一時から茅ヶ崎町第一国民学校講堂であった。

⑦『おくやみ状』

筆書体活字印刷の御悔み状は、同じもの二枚が残されている。

「　拝啓今般承る処によれば　」

ではじまり、改行して一行分をあけて戦没者氏名を入れられるようにしてある。

「　には今次の大東亜戦争に御従軍赫々たる御武勲を樹てられ遂に君国に殉せられ候

趣元より予て御覚悟の御事とは存上候へ共前途春秋に富まるゝ

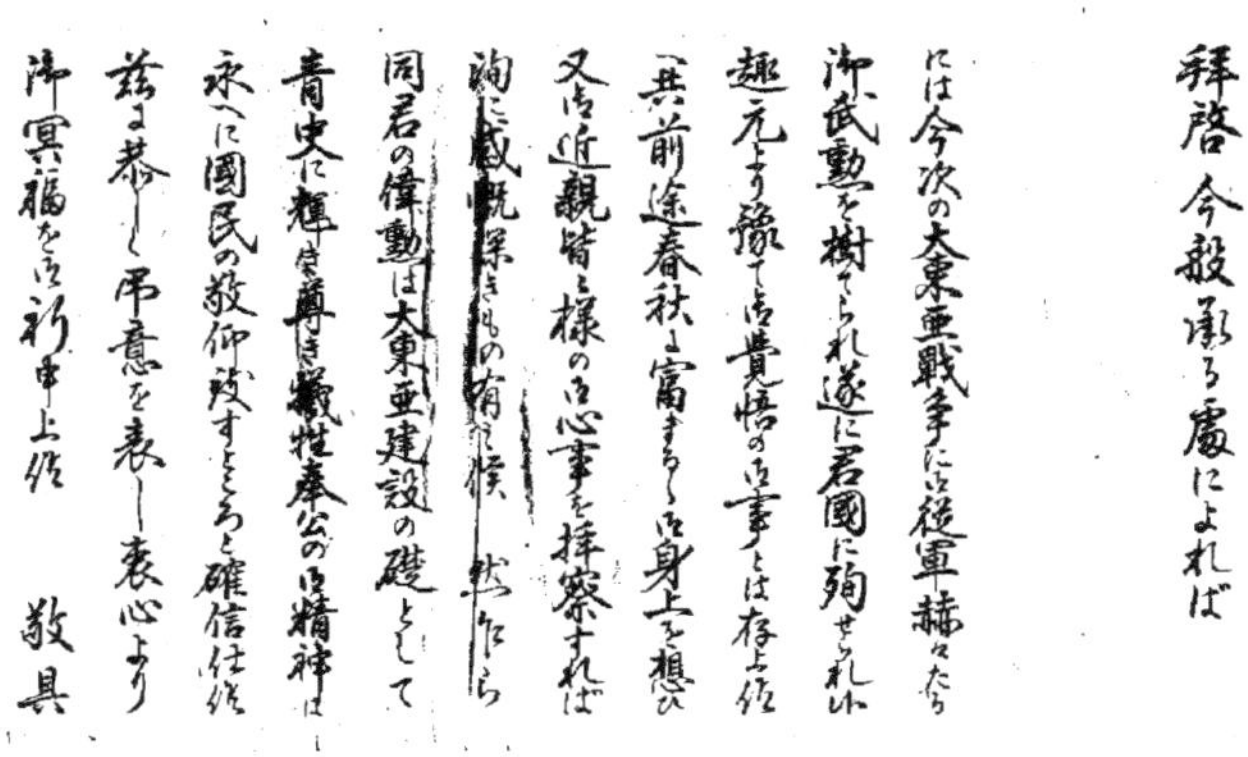
拝啓今般承る處によれば
には今次の大東亜戦争に御従軍赫々たる
御武勲を樹てられ遂に君國に殉せられ候
趣元より豫て御覚悟の御事とは存上候
へ共前途春秋に富まるゝ御身上を想ひ
又御近親皆々様の御心事を拝察すれば
洵に感慨深きもの有之候　然し乍ら
同君の偉勲は大東亜建設の礎として
青史に輝き尊き犠牲奉公の御精神は
永へに國民の敬仰致すところと確信仕候
茲に恭しく弔意を表し衷心より
御冥福を御祈申上候　敬具
昭和　年　月　日
衆議院議員
山口左右平

戦没者へのお悔やみ状

御身上を想ひ又御近親皆々様の御心事を拝察すれば洵に感慨深きもの有之候　然乍ら同君の遺勲は大東亜建設の礎として青史に輝き尊き犠牲奉公の御精神は永へに国民の敬仰致すところと確信仕候

茲に恭しく弔意を表し衷心より御冥福を御祈申上候　敬具

」

この御悔み状との関連は不明であるが、「神奈川県中郡高部屋村上粕屋　山口左右平殿　侍史」の懇切丁寧な封書文で、「東京市中野区向基街二五　岩見登一」から「愚子澤安南洋群島方面に於て戦死」に、左右平が送った弔詞に対する六月十七日付けの返礼がある。

（釈註）　青史‥　歴史書のこと

（10）第八一回帝国議会衆議院

昭和十七年十二月二十四日第八一回帝国議会が召集され翌年三月二十六日に閉会となった。

山口左右平がかかわった委員会では、農業団体法の改正が議題になっている。

この法案は近衛新体制運動のなかで、昭和十五年ころから農業団体の再編成が議論されていた。いくつかの案のなかで、農林漁業関係二五団体によって設立されていた中央農林協議会の団体統合案や農林省の案があった。部落団体の市町村団体への強制加入を認める農林省に、内務省が反対していたが、翼賛政治会がこれらを調整し、部落団体の加入取りやめなど、内務省の主張に近い内容を盛り込んだ農業団体法が昭和十八年に公布され、農会や産業組合など五つの農業団体を統合した「農業会」が設立されたのであった。

昭和十八年二月四日（木曜日）審議の農業団体法案と水産業団体法案の委員長は東郷實、理事七名ほか山口左右平を含む三三名の委員と農林大臣井野䃼哉、政府委員として農林次官・農林省総務局長・農林省水産局長・農林書記官が出席して、午前一〇時一七分からはじまった。

山口左右平の論点は、①新農業団体の上級団体が下級団体の指導などに関する具体的な措置を求めたのに対して、そのための経費の助成を従来通り実施すること、②現在法人格のない産業組合中央会の支会・郡市部会等に対し、法人相当の扱いをする、という確約を得ている。

東郷實委員長および理事六名ほか山口左右平を含む三三名と政府委員五名による、昭和十八年二月十三日（土曜日）午前一〇時二五分からの審議では、千葉県出身の吉植庄亮の質疑が当時の農地荒廃の状況を知るうえで興味深いものがある。

戦線への徴兵や軍需工場への徴用が農業労働力を奪い、農地返還を余儀なくされた耕地が年々荒れ地と化している現状は、特に不労地主に問題があると吉植は指摘している。自らも所有地の一部を耕している地主、小作や自小作は、生徒の勤労奉仕団の助力によって十二分に耕作ができるが、不労地主は助力がないと全く耕作が不可能である。

「今日まで政治は地主をして生産に従事せしめなくても宜しいと云う地位に置いたのであります。生産より遊離したる地主として立派に村の指導的地位に立って暮して行くことが出来たような政治になった為に、地主は生産を知らない、此の生産を知らない地主が沢山あるのであります。そう云うように生産に関与せざる遊離したる地主の土地に限って、土地返還が甚だしい趨勢になって居る。」

不労地主に新たな認識をもたせる再教育をして、勤労生活に入らせたうえで応援を仰ぐようにしないと、労働力的にも耕地的にも増産効率が良くならない、と主張する。そして満州送出についても厳しい

指摘がつづき、

「二百人、三百人と満州へ繰出して行って食糧を確保して来る、新たな土地を拓いて米のばら播きをやって、又同時に畑作物を作って何百何十石の収穫があったと言って内地へ帰って来た、斯う云うことを私共耳にし、同時に新聞でも見て居るのであります。」

「満州の荒地にまで行って、新たに開墾して食糧を確保して来る、是だけの労力がありましたならば、帝都の周囲一〇里の中には一村に於て一〇〇町歩、五〇町歩と云う返還せられた美田がある。此の美田は手を尽しさえすれば七俵、八俵は穫れる。満州に行ってばら播きをやって、三俵か四俵しか穫れない。そう云うように昨年は足許の穴を塞ぐと云う政策がなかった」という。

これに関連した政府委員の答弁によると、満蒙開拓の青少年義勇軍の内原（現水戸市）訓練所の食糧増産報国推進隊は、年々一万五〇〇〇名、前年は嚮導隊《きょうどう》を二〇〇名選抜して再教育し、満州の東寧農場に六〇〇人、それが内地に帰ってその中の二〇〇名と内地の二〇〇の嚮応隊とが合流して地方の労力不足にあたった。

山口左右平は、産業組合の全国の状況や実務に精通している強みを発揮して、新統合組織の問題点を指摘している。統合の対象になっている団体、農業生産の指導統制をやっている農会、農産物の集荷出荷等をしている産業組合、漁業組合は、労務調整令の指定者に含まれていない不合理を是正するように要求している。

また吉植質疑に関連して、徴用者指名の権限が首長・団体長などに集中している弊害が、左右平の地元にもあることを述べながら、農村労働の現状を、

「現実の農家に於ては、老人と女子供が残って居る訳でありますが、若い者が取られた後、老人と女子供でもお百姓は続けて行けると云ふやうに或は御考へになるかも知れませぬが、是は労働の質が違ふのであります、例へば私の村は山村掛った所でありますが、秋に畑を耕すと云ふやうな力の要る仕事であるとか、牛馬を引張る仕事であるとか、或は山林に入って伐木を致すと云ふやうな労働は、是は若い者でなくては出来ないのであります、非常な軽労働しか致して居らない老人や女子供では、さう云ふ性質の労働が幾らあっても、農家の経営は縮小しない訳には行かぬのであります、さう云ふ関係で現実に於ては非常に此の徴用が生産上の大きな支障になって居るのであります、併し大部分の農村の人達はそれでも仕方がないと思って、泣寝入りに致して居るのであります、斯う云ふ点も能く御考慮下さいまして、決して手続上の誤りであるとは私存じませぬけれども、御指導の上」善処されたいと述べるが、厚生省にも名案はなく、工業の労務者と農村の労務者の調整には非常に苦心していたようである。

昭和十八年二月十五日（月曜日）午後一時二〇分から委員長由谷義治、理事木下義介、理事西尾末広、理事山口左右平ほか一〇名、政府委員など四名で審議がはじまった。

貯蓄組合が地域的に、あるいは職域がらみで競合することになることに対して、左右平は懸念を示している。

「今回の改正で市町村区域の貯蓄組合が出来ることになったのでありますが、現在町内会とか、部落会、隣組等の単位で貯蓄組合が出来て居ります、私は貯蓄の趣旨から鑑みましても、是等の隣保相助的な組織を育成して行くことが、非常に大事だと考へて居るのでありますが、今回の改正に依りまして、市町区域の貯蓄組合が出来ることになりますと或は所に依れば重複して組合が出来る、其の結果既存の小地域の貯蓄組合の活動が弱化して、結局両者を合せました成績とては、余り成績が挙らぬ、或る場合には広区域の組合等は、目ぼしい貯蓄者を拾ひ集めまして、地盤を荒すと云ふやうなやり方をしやしないかと云ふことを、心配するのであります。」

また現実問題として、労務調整令や納税施設法案でも対象外になっている農村などの信用組合は、職員数が少なくて煩雑な事務処理には対応しきれないとして、改善を求めている。

五　第八九臨時議会の閉会

昭和十九年（一九四四）七月に東条英機に代わって、朝鮮総督小磯昭が総理大臣になり、翼賛政治会総裁阿部信行が朝鮮総督に就任した。小磯と翼賛政治会新総裁小林躋造《せいぞう》は、大政翼賛会・大日本翼賛壮年団・翼賛政治会を解散統合して新党結成を図った。しかし、大日本翼賛壮年団の議員は翼壮議員同志会を結成、岸信介ら翼賛政治会反主流も護国同志会を結成し、貴族院でも新党不参加を決めた。そうしたなかの昭和二十年三月三十日、翼賛政治会は解散し、南次郎を総裁として所属議員約三五〇名で大日本政治会を結成したが、翼賛議会体制は達成できないまま敗戦となり、九月に解散した。

昭和十九年十月十日には米軍の沖縄攻撃、十一月二十四日から東京の空襲もはじまっていた。そして日本政府は翌年八月十四日にポツダム宣言受諾を回答し、八月十五日の終戦詔勅放送によってはじめて国民が敗戦を知らされたのであった。
第八九臨時議会は、昭和二十年十一月二十六日召集された。この議会では、「ポツダム宣言受諾に伴い発する命令に関する件」のほか、農業では「農業団体法中改正法律案外一件委員会」、「農地調整法改正委員会」が審議されたが、これらの委員会に山口左右平は関与していない。
議会は十二月十八日に閉会となった。

【参考文献】

『二〇世紀満洲歴史事典』貴志俊彦他編　二〇一二年　吉川弘文館
『鐘紡百年史』一九八八年　鐘紡株式会社
『農公園列島』池本喜三夫　一九七三年　東明社
『帝国議会会議録検索システム』国立国会図書館
雨岳文庫資料　『第八十回帝國議會　衆議院報告書』『農政研究会第一回幹事会』
「翼賛政治会」「農林省委員会」「満州視察旅行」関連
『山口左右平の動静』『九州災害視察』『肥料製造会社実情視察北海道班』その他

六　戦後の山口左右平

1　第八九臨時議会後の山口左右平

戦後初の総選挙は昭和二十一年（一九四六）の一月中に予定されていた。そして翼賛政治会所属議員であった山口左右平は、新たに結成された日本進歩党から立候補の予定で準備をしていた。

「日本進歩黨　一月　日午　時
於
山口左右平《サウヘイ》君
弁士　推薦演説会　」

と、橙朱色で印刷された二七・五×三九・五㎝の選挙ポスターが残されている。日にち、時間と会場、それに弁士の氏名が空白のままのものである。

総選挙が実施されたのは、四月十日であった。

2　日本進歩党のこと

翼賛政治会から大日本政治会を発足させて間もない終戦直後から、即時解散を主張する中堅若手議員と長老との対立があり、結局は総裁未定のままで昭和二十年（一九四五）十一月、日本進歩党の結党式がおこなわれた。

所属議員は二七〇名を超え、「国体を擁護し、民主主義に徹底し、議会中心の責任政治」を掲げ、総裁に町田忠治、幹事長に鶴見祐輔、総務委員に斎藤隆夫らを選出した。

昭和二十一年（一九四六）一月、町田・鶴見を含む二六〇名が公職を追放され、四月の総選挙では九四名が当選しものの、自由党に第一党を奪われた。前首相の幣原喜重郎を総裁に迎えたり、社会党との連立を模索したりして、第一次吉田内閣の連立で与党に入り込んだものの、若手が自由党の芦田均らと民主党を結成して、昭和二十二年（一九四七）三月に進歩党は解党した。

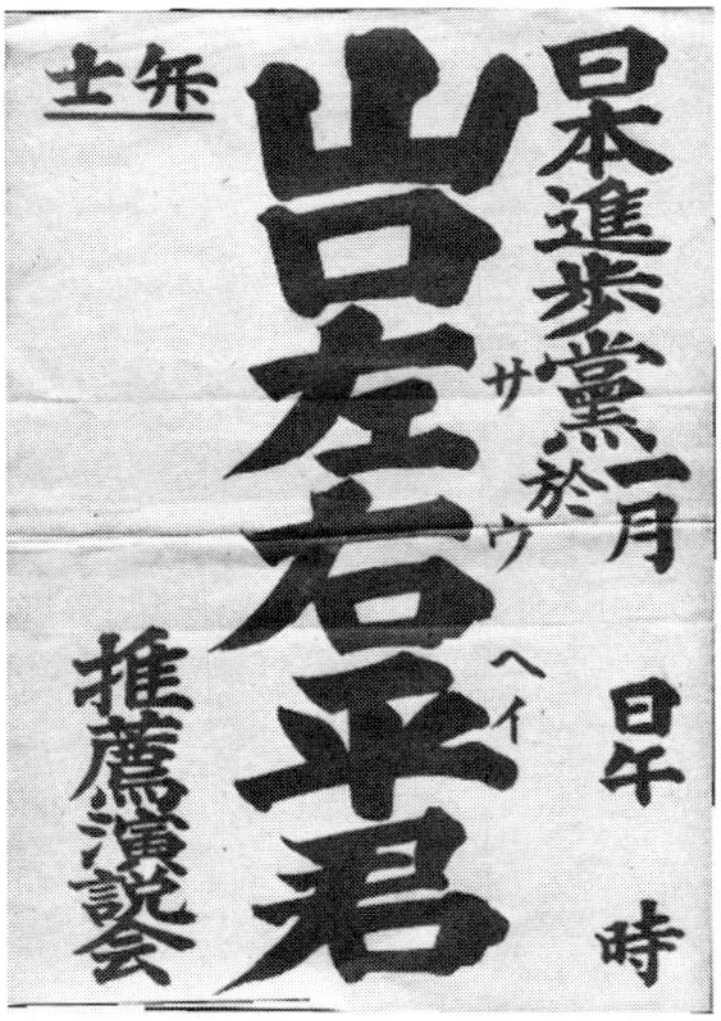

戦後初の総選挙のための選挙ポスター

3　公職追放

昭和二十年（一九四五）九月二日、降伏文書調印式がおこなわれ、十月二日に連合国最高司令官総司令部（ＧＨＱ）が第一生命ビルに設置されて、マッカーサーが着任した。

公職追放指令の具体化に着手したのは民政局であったが、軍人支配の強い参謀第二部や民間諜報局との管轄権争いになり、マッカーサーの裁定で民政局に決まった。パージともいわれる公職追放の正式呼称は「好ましからざる人物の公職からの除去及び排除」という。

昭和二十一年一月四日、ＧＨＱは日本政府に対して、公職追放指令「公務従事に適せざる者の公職からの除去に関する覚書」（ＳＣＡＰＩＮ‐五五〇）および「政党、政治結社、協会及びその他の団体の廃止に関する覚書」（ＳＣＡＰＩＮ‐五四八）を発した。

幣原首相は法制局・内務省へ、楢橋渡新内閣書記官長を中心に法整備をするよう命じ、二月二十四日、ＳＣＡＰＩＮ‐五四八に基づく「政党、協会その他の団体の結成の禁止に関する件」（昭和二十一年勅令第一〇一号）を公布した。

つづいて二月二十八日には、ＳＣＡＰＩＮ‐五五〇に基づく「就職禁止、退官、退職等に関する件」（昭和二十一年勅令第一〇九号）およびその施行令を公布施行するとともに、楢橋委員長、各省庁次官を委員とした公職追放審査委員会を設置し、第一次公職追放が開始されたのである。

追放指令と一体化した総選挙を、ＧＨＱは三月十五日以降に実施するよう指令した。政府は三月三十一日に決め、立候補者の事前審査のために一月三十日、「衆議院議員の議員候補者たるべき者の資格確認に関する件」（内務省令第二号）を公布施行して、内閣人事課を中心に「調査票」の審査作業に入った。

しかし、審査事務に遅れが生じたため、政府は総選挙の予定を四月十日実施として発表した。

資格審査は、戦争協力者・職業軍人・国家主義者それに昭和十七年の翼賛選挙の推薦議員すべてが対象となった。

受付総数三三八三中確認書公布三一三二、不可九三、取り下げ一五九であった。進歩党についてみると、現職議員二七四名中二六〇名、同好会を中心とした自由党は四三名中三〇名が追放された。そして総選挙の結果は、自由党一四〇、進歩党九四、社会党九二となった。第一党の自由党総裁鳩山一郎の組閣かと思われていた五月三日、GHQによる追放命令が出された。このように委員会よる追放指定のほか、総司令部覚書にもとづく意図的な特例措置の「直接指定」もあった。

公職追放審査委員会は昭和二一年（一九四六）六月、美濃部達吉委員長による第二次委員会に代わった。第二次追放令は昭和二十二年一月四日に出され、対象者は中央から地方へ、政・官界から経済・言論界へと拡大された。そして松島鹿夫（のち牧野英一）を委員長に中央公職適否審査委員会ができ、さらに都道府県・市町村の地方公職適否審査委員会もできて、昭和二十三年五月十日に廃止されるまでつづいた。

両委員会が審査した対象者七一万七四一五名中、追放該当者は八六七三名であった。

GHQの指示によって昭和二十二年七月一日追放令が一部改正され、「潜在的」追放該当者「仮指定」制を定めて、二〇万四三〇四名が指定されたが、異議申し立てによって一万一〇〇〇名が認められ、追放該当者は一九万三一四二となった。

したがって中央・地方の公職適否審査委員会による八六七三と、仮指定者との合計二〇万一八一五名が追放されたことになる。

公職追放がはじまって間もなく、GHQのパージ政策に米国内から批判が出ていた。主に産業や経済に対する影響が懸念されてのことであった。やがて占領政策は、非軍事化・民主化政策から経済的自立化政策へと転換されていった。この背景には、世界の新たな対立構図の芽生えが、見えはじめてきたことの懸念もあった。

昭和二十三年（一九四八）三月、民政局長は五月までに公職追放審査を終了することを宣言し、五月十日政府は中央・地方公職追放審査委員会を廃止した。第二次追放令の昭和二十二年一月に第一次訴願委員会が設置され、錯誤による救済がおこなわれて、一四八名の追放解除があった。

昭和二十四年（一九四九）二月二十八日、第二次訴願委員会が設置されて、パージ終了後の「特別免除」が実施された。その結果、昭和二十六年（一九五一）三月三十一日の廃止までに、三万二二一の訴願を受理し、一万九〇名に追放指定の特別免除が適応された。

同時に陸海軍正規将校三二五〇名も解除され、昭和二十六年四月にマッカーサーが解任された直後の五月一日、追放処理が大幅に日本に移譲されると、追放令の一部を改正するとともに公職資格審査会を設置して、十一月六日の廃止までに一七万七二六一名の指定取り消しがおこなわれた。

十一月二十九日設置の第三次訴願委員会は、サンフランシスコ講和条約発効までに九九四三件の訴願を受理し、九三〇六名の指定を解除した。

昭和二十七年（一九五二）四月二十八日の平和条約発効にともない、すべての公職追放関係の法令が廃止となって、最後まで追放者として残っていた八七一〇名も追放解除になった。

戦後最初の総選挙に立候補するはずだった日本進歩党山口左右平は、公職追放令によって断念せざるを得なかった。そして追放解除までの二年を待つことなく、左右平は昭和二十四年（一九四九）三月二十六日、病のため逝去したのであった。

4　雨岳文庫資料から『山口邸新築設計図』

『山口邸新築設計図』に関連する青焼き図面が三種類残されている。一〇〇分の一縮尺「山口邸新築設計図」は、南側図面・東側正面図・北側面図、五〇分の一「山口家新築工事設計図」は応接室展開図、A面・B面・C面・平面図・天井伏図である。

「簡易実測平面及立面復原図」には、

「　第一階　一三九坪　四五九・二㎡
　　第二階　一二七坪　四一九・二㎡
　　計　　　二六六坪　八七八・四㎡　」

と図面に記載されている。

二階建で、アーチ形バルコニーの洋館大邸宅であるが、建築予定地はわからない。

そこに「昭和二十一年十一月一日」と焼き込まれた日付は、新憲法公布の二日前である。

この年のはじめ左右平はすでに公職追放になっていたので、新たな道の拠点としての城館を意識していたのかもしれない。あるいは、これだけの建物の設計にはかなりの時間を要するであろうから、以前からの構想はあったと思われる。

しかしながら着工には至らなかった。健康に異変を感じていたのであろうか。

【参考文献】

『ＧＨＱ日本占領史　六　公職追放』一九九六年　日本図書センター

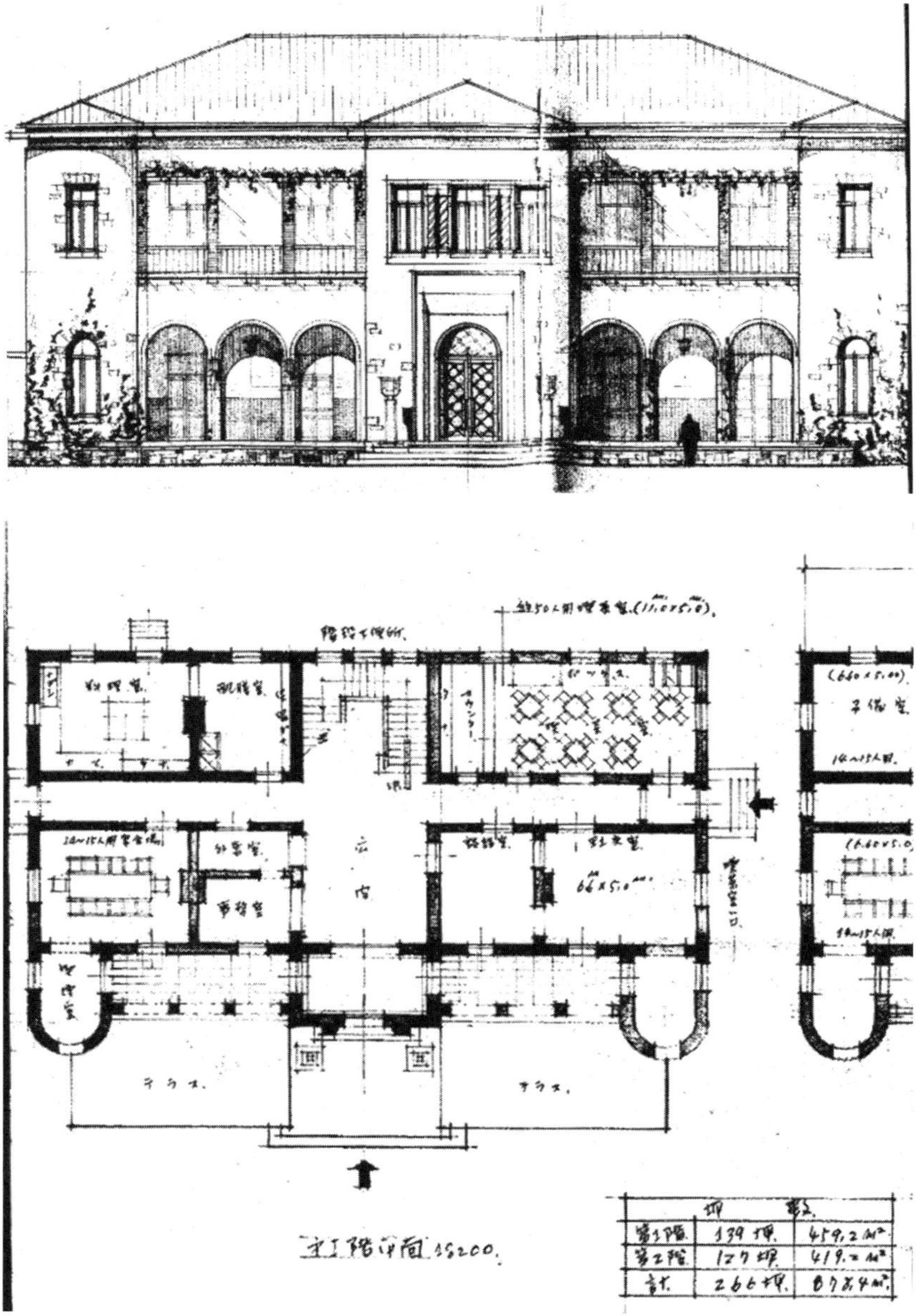

山口邸新築計画図面

雨岳文庫資料　『選挙ポスター』『山口邸新築設計図』

七　山口左右平逝去（昭和二十四年（一九四九）三月二十六日）

1　雨岳文庫資料から『弔辞』

三月三十日に山口左右平の葬儀がおこなわれ、多くの弔辞が読まれた。列席者の左右平を評する言葉には、「聡明にして果敢」「高潔にして誠実」「温厚篤実聡明親切」「成績優秀」が並ぶ。

翼賛選挙立候補の千石興太郎の推薦文にも、左右平の人柄が記されていた。仕事に「少しもそつがなく纏《まとま》ってゐる」ので信頼が篤かった。「世態《せたい》人情に通じてゐることと、豊富な常識に物を言はせて極めて適切なる意見を」述べ、「高潔な人格と博《ひろ》い識見」をもち、「自然科学や農業技術の問題に詳しく、其の道の専門家もかなはない程」と見られていた。

こうした見方は弔辞にも「農業会の発足には大いに寄与」などと、中央のみならず地域の農業技術の講演にも歩いて、代々篤農家としての力をつくしていたことを表わしている。

「然れども世の風益々激しく若を為政者は遂に追放令に底転する氏の胸中を想ひ農村の前途を考へ唯涙を呑む　其の涙未かはかざるに氏の病床に伏されしを聞く」

と、多くの人々に惜しまれながら鬼籍に入った。

その戒名「髙嶽院大眞實道居士」は、まさに山口左右平の生涯を表わすものとしてふさわしいものである。

2　ふりかえって

大正十四年（一九二五）末の京大・同志社大学生の秘密文書事件に端を発した京都学連事件では京大生二〇名が検挙され、河上肇教授らの家宅捜索がおこなわれた。それから間もない昭和二年（一九二七）に、山口左右平は京都帝国大学経済学部の学生になった。左右平が卒業したのちの昭和八年（一九三三）にも、滝川教授の刑法学説が危険思想である、として大学を追われる事件があった。この間に京大時代を過ごした左右平であるから、無関心で済ませるはずはなく、現にマルクスに関連する蔵書が数冊残されている。

父左右平の葬儀で焼香する長男匡一

論説委員柳田国男は、大正十五年九月十九日の朝日新聞「学生運動の限度」のなかで、‘教師のまねどころか、それ以上に前に出て受けをねらう流行にかぶれた野次馬心理だ’と述べる。さらに、‘多岐にわたる反論を想定したうえで同調するしかないというのならば、学生としての研究は終わっている’と論じている。それ以上のことは、自活できるようになってから行動しろ、というのである。

関心や同感があっても行動や組織参加となると、学生ならずとも自己規範や信条や心情が作用して、個々人の対応が分かれるところである。これまでに取り上げてきた柳田国男、石原莞爾、宮沢賢治にしても、当時の識者の多くはマルクスを読んでいた。

そして第二次世界大戦後、復帰した滝川は京都大学総長になると、何が変わり何が変わらなかったのか、滝川と学生運動との対立事件がくり返され、学生による滝川への暴行にまで発展する事件が起こったのである。

歴代の開明的な篤農家に生まれ、経済学を学んできた山口左右平にとって、産業組合中央会は既定の進路であった。

左右平の代議士への転身について、ここでも千石興太郎の推薦文を改めて読んでみる。

冒頭「先日山口君が見えられ、今度の総選挙に郷里の人達から推されて居るがどうしたもんだらうと、御相談を受けたので二、三のことを訊《たづ》ねた後直《のちただ》ちに賛成した」からはじまっていて、左右平が千石に相談したことが記されている。左右平にとっては最高の上司の千石であるから、相談よりも事前の了解に近いもので、すでに決心していたのかもしれない。

地元の青年団や産業組合にも関わっていたから、「郷里の人達から推されて」いたのは事実であろうし、加えてまた千石が述べているように「山口家三代に亘る脈々たる政治的血液の流れが、運命的な迫力となって噴き出して来たとも考へられ」る、というのも左右平のなかにあったのだろうと思われる。

さらに千石の「同君にとって最も貴重なものは、社会に対する強烈な正義観と農村及農村人に対する信仰的な情熱であらう」とか、「農政や農業問題に就て議論する時が、最も自信に満ち気魄に溢れ、生甲斐ある様なよろこびの面持です」、「要するに山口君と云ふ人物は、その思想も、感情も、生活も日本の農村、農民、農業を離れてあり得ない」というような指摘は、あながち誇張といえないものがあると思われる。

それならば、立候補にかかわる一連の所信原稿をどのように読むべきなのか、が問われなければならないであろう。

「東亜十億の被圧迫民族を解放し、新たなる秩序を建設」のために「大東亜戦争を完遂し、東亜の監主として輝ける新日本を建設する」この「太平洋戦争こそは、遠く吾々の祖先が掲げた大理想の実現である。大御稜威《おほみいづ》の下吾々がこの聖戦を勝ぬき、大東亜建設の偉業を成就するため」であって「今日の日本国民ほど光栄の月日の下に生れ合はせた国民は古今東西を通じてないと思ひます」といい、「畏《かしこ》くも宣戦の大詔《たいしょう》を拝しましてより茲《ここ》に四ヶ月御稜威の下、忠勇なる皇軍の赫々たる戦果は、米英の東亜覇権の野望を根抵から破砕し去り、全世界の相貌を一変せしむるに至りました」と、太平洋戦争に突き進んだ緒戦の進撃を讃える。これらは、軍部・政治家・官僚などエリートの全分野にわたって広がりつつあった、国粋主義者と連係した動きのなかで、どこでも見られ、どこからでも聞こえる定型文のような文言である。

これらの文言は、左右平の立候補原稿のほとんどで、冒頭を飾っている。ということは、翼賛政治体制協議会の推薦の儀礼なのか、つまり文章の修飾語なのかそれとも左右平の信念なのか、という問題に至るのである。

もちろんこれにつづく農林漁業・小商工業と、これらに関連する人口問題や分村整地問題にこそ、左右平の主張があることは間違いない。国の農業問題がどこにあるかは、産業組合中央会で政府の実行機関としての役目柄、十二分に承知していた。

左右平自身が農業に情熱を抱いていた。その分、政府主導に飽き足らず、立法の場から農政議員として先代先々代のように、困難の時代に貢献することを目指したのであろう。

さらに、産業組合中央会で奥むめおの行動力を間近に見ていたことも、左右平を刺激したとも思われる。奥は、目指す女性解放のためであれば、大政翼賛会でもどこでも参画して、自分の考えを広めていった。

左右平は大政翼賛の看板をかかげて門をくぐったものの、もとより軍政に直接的な関係のない立場であったから、急を要する食糧増産や配給、そしてそれらを統制するための組合組織問題などに、取り組むことになったのである。

大東亜戦争・太平洋戦争の敗戦終結で、公職追放の憂き目にあった山口左右平は、事実上昭和二十年（一九四五）十二月十八日閉会の第八九臨時議会をもって、昭和十七年四月三十日からの帝国議会議員の任を終えた。

しかしながら山口左右平は、哀歓の情動を表に出す性格ではなかったようで、無聊をかこつこともなく、そしてただ悲嘆にくれることもなく、その間を利用して豪奢な邸宅の設計にいそしみながら、かつ曾祖父作助が変動の時代を乗り越えたまなざしに思いをやりながら、自らの新たな視座を築こうとしていたのであろう。

明治以来、農政上一貫して問題に取り上げられてきた地主問題は、不在や不労の大地主が対象であった。また、守旧的な名望家や篤農家と開明的な篤農家とのせめぎあいでもあった。ＧＨＱによる農地改革は、従来の議論に対して躊躇なく踏み込んでいった。これに関する山口左右平の当面した問題が、どのようなものであったか不明である。山口家は代々自作地主としての開明篤農家であったから、明治期も敗戦期も大過なく切り抜けられたもののようである。

それにしても早すぎる死であった。もうすぐ追放は解除された。それどころか巣鴨から釈放された者たちでさえ、国政に復帰して総理大臣や国務大臣に就任していた。

ところで、山口左右平は急逝したわけではなかった。それ故ここでもまた、疑問が残る。

昭和二十一年当初に公職追放がはじまって以来、天皇に対する賛否が分かれることがあっても、軍部と大政翼賛会とに対しての諸悪の根源という評価は、日を増すごとに確実なものになっていった。そうしたなかで亡くなるまでの三年間、なぜ左右平は大政翼賛関連の資料を処分しなかったのであろうか。

【参考文献】

『定本柳田國男集』別巻第一　一九八二第五刷　筑摩書房

雨岳文庫資料『弔　辞』

V　変動の時代に向き合った人々

その時々に人々はどのような向き合いかたをしたのだろうか。

これまで取り上げてきた人々をも改めて登場させながら、再考する糧としたい。

1　柳田国男　明治八〜昭和三十七年（一八七五―一九六二）

農政のエリート官僚柳田国男は、欧米の農業事情や日本の農業事情にもよく通暁し、農政学の諸論も数多く編みながら、企画立案して行政に反映させ、普及に努めた。さらに貴族院書記官、終戦直後には枢密院顧問として天皇のそばに仕えた。

というような経歴の通り、柳田は天皇制を排除せず、自らも保守の立場を言明している。しかしそれはたんなる旧守ではなく、改良進歩しながら変容すべき保守だという。なるほど朝日新聞の論説も、激走することなく冷静に正鵠を射ている。

それゆえに、職務や民俗学調査の田舎廻りにも、エリート官僚や貴賓の気風は身について、もはや消しがたかったようである。'日本の民族学的特徴'として民俗学的な所見をカテゴリーでまとめようとしがちな傾向は、後続の宮本常一らの小集落尊重的な見方とは異なる。変動の時代にありながら、けっして流されることのない柳田であった。

2 石原莞爾 明治二十二〜昭和二十四年（一八八九―一九四九）

行動的な考究によって持論を得、そして展開し、その実現に向かって明快な説諭と気性によって周囲を引きつける。その力は磁力と同じように近い周辺には強力であるが、遠くまでは届かなかったし、反発も強かった。大陸経営の対立で軍中央から追われ、組織した東亜連盟も政治活動を封鎖された。石原莞爾の世界再構成は、国々を統合しながら天皇精神を移植し、この共通理念によって日蓮を信仰の中心に据え、戦争のない世界をつくることであった。

しかし天皇が神の座を降りても、日蓮を中心にした小さな新しい国（西山開拓農業協同組合）の建設を具体化した。最終戦争には残らなかった皇軍の代わりに'寸鉄も帯びぬ九条の剣'で世界を統一することを豪語していたとも伝えられる。米ソの最終戦の気配が見えはじめた昭和二十四年（一九四九）に莞爾は亡くなった。

3 宮沢賢治 明治二十九〜昭和八年（一八九六―一九三三）

小さな商家であっても小さな城下町のなかで、常に農民との格差を意識しつづけていた宮沢賢治の感性は、やはり詩人のものであった。現在からすれば、格差はそれほどのものとは思えないのだが、その過敏のほどは彼の詩編の随所に見られるのである。殿様でもあったならば接することのない農民に、彼は毎日のように顔を合わせる。生まれながらの境遇の違いは、混ざろうとしてもコロイドのように溶融することはなかった。

しかし、真の融合と平等とを希求して止むことのなかった賢治の魂は、柳田のような強靭さもなく、かといって石原のような磁力もなかった。

心情的に社会主義を支援しながらもマルクスではだめだといい、人を愛おしく思いながらも人の意地悪さや狡さが目について、同志はつくれるが組織をつくることができなかった。

賢治にとって皇国や軍国よりも、目前の村の姿を救える存在として日蓮があった。国柱会の日蓮が皇国・軍国に結びついていることには、全くといっていいほど、意識が向かなかった。

幕領時代の領民は、目前の日々の営みだけで精いっぱいであった。村役人や代官のことは知っていた、領主までは理解できていた、しかしその上の将軍についてはわからなかった。明治の中央集権化によって、にわかに徴集されて軍隊に入れられると、そのはるか向こうには天皇がいると聞かされた。役場の上をたどっていっても、やはり天皇に行きつくようであった。

しかし賢治の思考はそうした体制には無縁のものであった。幕藩時代も新政府時代もなく、ただ土地を離れては生きられない、土地に拘束された植物的存在である、とさえいえるような農民のくらしに、光明をもたらしたかった。

田中智学が日蓮を信仰し、それを多くの人々に広めるその文学的芸術的な幅広い活動に、賢治は触発されたのであった。そして賢治自身も身近に農と芸との理想郷を建設しようと行動した。智学の日蓮から皇国への道筋を賢治は知っていたが、それを意に留めることはなかった。
また、賢治にとっては日蓮その人よりも法華経、あるいはもっと広く、宗派や儀礼ではない仏の教えが満ちた新しい村にしたかった。

4　石川啄木　明治十九〜明治四十五年（一八八六―一九一二）

石川啄木は友人大硯に送った書簡に、まだ八歳にもなっていなかったころの日清戦争期を回想している。

「日清戦役の時は、我々一般国民はまだほんの子供に過ぎなかった。反省の力も批評の力もなく、自分等の国家の境遇、立場さえ知らぬものが多かった。無論自分等自身の国民としての自覚などをもってる者は猶更少なかった。さういふ無知な状態に在ったからして、「膺《う》てや懲《こら》せや清国を」といふ勇ましい軍歌が聞えると、直ぐもう国を挙げて膺てや懲せや清国をといふ気になったのだ。反省もない。批評もない。その戦争の結果が如何な事になるかを考へる者すらないといふ有様だった」。

それから一〇年後の日露戦争のときには、

「今の世には社会主義者などゝ云ふ、非戦論者があつて、戦争が罪悪だなどゝ真面目な顔をして説いて居る者が居る。」とし、ロシア国民の大多数を占める農民は奴隷的状態に苦しんでおり、

「今度の日露戦争が単に満洲に於ける彼我の権利を確定して東洋の平和に万全の基礎を与へるのみでなく、更らに世界の平和のために彼の無道なる閥族政治を滅ぼして露国を光明の中に復活させたいと熱望する者である。」というように、ロシア農民の開放や世界平和を唱え、さながら大東亜共栄圏のデッサ

ンのようである。これは啄木がまだ十代の明治三十七年(一九〇四)、『岩手日報』に連載した記事である。

その四年後、明治四十一年（一九〇八）九月の日記には、毎日送られてくる『岩手日報』を見て昔日を思い出し、

「無邪気なる愛国の赤子、といふよりは寧ろ無邪気なる好戦国民の一人であつた僕は、〝戦雲余録〟といふ題で、何といふことなく戦争に関した事を、二十日許り続けて書いた。」

と述懐している。

そして明治四十三年（一九一〇）六月六日、大逆事件の発覚を新聞報道で知った啄木は衝撃を受け、社会主義関係書籍を古本屋にあさったり、旧知の社会主義者を尋ねてその友人から「平民新聞」などの綴りこみを借りた。

八月二十九日に韓国併合の宣言が発表されてのちの九月九日夜、啄木は悲嘆の歌を書きつけている。

地図の上朝鮮国に黒々と墨をぬりつゝ秋風を聞く

明治四十三年の秋わが心ことに真面目になりて悲しも

何となく顔が卑しき邦人の首府の大空を秋の風吹く

時代閉塞の現状をいかにせむ秋に入りてことにかく思ふかな

明治四十四年には年始に行った知人から「幸徳が獄中から弁護士に送った陳情書なるものを借り」翌日から筆写する。そののちにも「幸徳、菅野、大石等の獄中の手紙を借り」「特別裁判一件書類をよんだ。七千枚十七冊、一冊の厚さ約二寸乃至三寸づゝ。十二時までかゝつて漸く初二冊とそれから菅野すがの分だけ方々拾ひよみした。頭の中を底から掻きみだされたやうな気持で帰った。」

四月二十四日「今日も熱が昨日と同じ位。平民新聞にあつた卜翁の日露戦争論を写し」五月二日までかかった。この啄木が筆写したトルストイの『日露戦争論』に書いた解題によると、八年前一九歳のときに雑誌時代思潮に転載された英文を読んだといい、

「直截、峻烈、大胆の言葉に対して、その解し得たる限りに於て、時々ただ眼を円くして驚いたに過ぎなかつた。「流石に偉い。然し行はれない。」これ当時の予のこの論文に与へた批評であった。さうしてそれつきり忘れて了つた。予も亦無造作に戦争を是認し、且つ好む「日本人」の一人であつたのである。その後、予が茲に初めてこの論文を思ひ出し、さうして之を態々《わざわざ》写し取るやうな心を起すまでには、八年の歳月が色々の起伏を以て流れて行った。」

と、「無邪気なる好戦国民の一人であつた僕」が『日露戦争論』の真意を読みとるまで、八年を費やしたことへの慚愧の念を吐露している。

5　高村光太郎　明治十六〜昭和三十一年（一八八三―一九五六）

高村光太郎は昭和十四年(一九三九)ころから八〇篇近い戦意高揚のための戦争協力詩を発表している。昭和二十年(一九四五)四月の東京空襲でアトリエを焼失した光太郎は生前の宮沢賢治との関係から、岩手県稗貫郡花巻町の弟宮沢清六方に疎開した。しかしここも、八月の空襲で焼失した。昭和二十年の作品である。

「　　一億の号泣

綸言一たび出でて一億号泣す。

昭和二十年八月十五日正午、
われ岩手花巻町の鎮守
鳥谷崎《とやがさき》神社社務所の畳に両手をつきて、
天井はるかに流れきたる
玉音《ぎょくいん》の低きとどろきに五体をうたる。
五体わななきてとどめあへず。
「（以下略）

「
犯すべからず
神聖犯すべからずわれら日本人は御一人をめぐつて
幾重にも人間の垣根をつくつてゐる。
この神聖に指触れんとする者萬一あらば
われら日本人ひとり残らず枕を並べて
死に尽し仆れ果てるまでこれを守り奉る。
われら一億老弱男女《ろうにやくなんによ》の死屍累々をふみ越えなくては
この神域は干《をか》しがたい。
蛮力に勝ちほこれる者よ、心せよ。
」（以下略）

「国民まさに餓ゑんとす」では、戦後も戦中も国民は政府にだまされてきた、という。

郊外の大田村山口（現花巻市）に小屋を建て、独居自炊の生活を七年間送った。戦争協力詩への自省の念からともいわれるが、評価は分かれる。

昭和二十二年に「わが詩をよみて人死に就けり」があるが、煽動や発揚の罪悪感、といった強いものとは読み取れない。

昭和二十五年(一九五〇)、戦後に書かれた詩集『典型』を出版し、第二回読売文学賞を受賞している。そして昭和二十七年、十和田湖畔に建立する記念碑の制作を委嘱され、これを機に花巻から東京のアトリエに移った。

6 鈴木安蔵　明治三十七~昭和五十八年(一九〇四—一九八三)

大正十三年(一九二四)京都帝国大学文学部入学ののち経済学部に転部した。大正十五年(一九二六)の京都学連事件で禁固刑を受けて退学した。戦後、憲法研究会を組織して提案した「憲法改正要綱」は評価が高い。

しかし昭和十七年(一九四二)の主張は、

「東亜諸民族が全面的発達をなし得る根本条件は、彼らが従来の英・米・蘭の支配を脱して、ともに団結し、東亜ブロックを形成し、経済において政治において、その各々の具有する長所、短所、各々の地域に最も適せる産業、各々の地域に最も豊富に埋蔵されてゐる資源の発揮・育成・開発をはかり、相互に援助し協力し有無相通じて飛躍的発展にすゝむにあるは言ふをまたない」といい、その諸条件は十二分に与えられている、植民地的隷属から解放されるべき基礎は既に大東亜戦の進展によって不動に据えられた、とまでいっている。

7　内村鑑三　文久一～昭和五年（一八六一―一九三〇）

日清戦争を義戦と位置づけて英文『日清戦争の義』を書いた内村鑑三は、その後の弱肉強食の帝国主義的世界の現実に失望して、日露非開戦論を展開した。

「余は日露非開戦論者であるばかりでない、戦争絶対廃止論者である、戦争は人を殺すことである、そうして人を殺すことは大罪悪である、そうして大罪悪を犯して個人も国家も永久に利益を収め得ようはずはない。世には戦争の利益を説く者がある、しかり、余も一時はかかる愚を唱えた者である、しかしながら今に至ってその愚を唱えた者である、しかしながら今に至ってその愚の極なりしを表白する、戦争の利益はその害毒を贖うに足りない」と、日清戦争に賛成したことへの反省を公けにしている。

8　福沢諭吉　天保五～明治三十四年（一八三四―一九〇一）

福沢諭吉は明治十八年（一八八五）三月十六日、『時事新報』社説で「脱亜論」を述べる。伊藤博文と李鴻章が天津条約に調印する前である。

「わが国は隣国の開明を待ちて共に亜細亜を興する猶予あるべからず」∴朝鮮国内の近代化論者への支援を通じての日本の朝鮮進出は不可能になった

「支那朝鮮に接するの法も、隣国なるが故にとて特別の会釈におよばず、まさに西洋人がこれに接するの風に従いて処分すべきのみ」∴戦争という手段によって清国を討ってから日本の朝鮮進出を果たす以外にない

というのであるが、この脱亜論の読み方には、①欧米列強によるアジア分割が迫っているので日本は連

帯をあきらめて朝鮮や中国を棄てる、②朝鮮に日本が進出するには中国を討ってからにする、とも理解される。

天は人の上に人をつくらず、の福沢に限らず、自由民権論者の多くも、自国の論理でしかなかった。

9　日本文学報国会の人々

昭和十三年（一九三八）八月、第一次近衛内閣の主導の下、吉川英治・林芙美子・久米正雄・尾崎士郎・佐藤春夫・菊池寛・丹羽文雄ら二二名を役員として‚ペン部隊‛が結成された。

昭和十七年には徳富蘇峰を会長とする日本文学報国会となり、久米正雄、折口信夫、菊池寛、窪田空穂、佐藤春夫、水原秋桜子、柳田国男、山本有三、吉川英治らが理事に就任した。部会に分かれ、劇文学に武者小路実篤や久保田万太郎、詩に高村光太郎や西條八十、短歌に佐佐木信綱や土屋文明、俳句に高浜虚子などが役員になった。

中里介山は入会を拒んだが、逆につてを頼って入会しようという動きの文士も多かった。戦後の林芙美子は、南京陥落一番乗りのような勇ましい前線レポートや、新聞小説『波濤』の戦時文学を後悔している。

文学に限らず演劇・芸術・音楽総ての文化活動も、ベクトルの矢は銃砲の方向に揃えられていた。

10　それぞれの選択の余地

帝国議会衆議院委員会における吉植庄亮の発言のように、満州まで行って苦労するよりも今の村で頑張った方がいい、と満州開拓地を視察したすえに分村移民を拒否した信州地方の村長がいた。

上海郊外にある北停車場でのエピソードもある。奥地で戦った日本陸軍の兵士を満載した軍用列車が入り、数分の停車の後、降車せずに次の戦場に向かう。在留邦人の愛国婦人会は、皇軍休憩所に朝四時から大釜でご飯を炊きおにぎりを握り、お盆に乗せてホームを走って手渡す。下車を許されない兵士たちのために。ある日、配り終わって、釜の底にはおこげしか残っていなかった。一人の若い将校が皇軍休憩所の入口に立って、礼をのべたうえで、もうありませんか、と訊ねた。おこげしかない、というとそれを握ってくださいと将校はいった。釜の底のおこげをはがし、両手いっぱい握って将校の手にのせると、大きなおにぎりを両手で包むようにして、若い将校はむさぼり食った。その将校は部下たちに行き渡ったのを見届けて、皇軍休憩所へ来たもののようであった。

フィリピン郊外で戦車の下にもぐり込む自爆作戦を命じた上官に、思いとどまるよう進言して受け入れられ、兵士たちは無駄死にを免れた、という話しを帰還兵から聞いたことがある。

最後に兵役拒否のことにふれる。

徴兵を逃れるのではなく、徴兵に応じながら信仰信条から兵士として定められた役務を放棄した兵役拒否の稀なケースもある。人殺しの道具である銃剣の訓練や皇居遥拝などを拒否したのである。キリスト教系でエホバを信仰する灯台社には会則的な拘束がなく、個々人の信条に委ねられた極めて特異な集団であった。きびしい組織弾圧や拷問を受けた。この間、留置所の看守のなかには、人道的な扱いを心がける者もいたという。アメリカの同系宗派が戦争に協力したことから、戦後になっても灯台社はアメリカ本部への帰属を拒否した。

【参考文献】

『啄木全集』第四～七巻　一九六七―一九六八年　筑摩書房
『石川啄木全集』第一巻　一九七八年　筑摩書房
『啄木と「平民新聞」』平岡敏夫　一九七五年「国文学解釈と教材」二〇（一三）学灯社
『高村光太郎全集』第二巻　第三巻　一九五七―一九五八年　筑摩書房
『政治文化の新理念』鈴木安蔵　一九四二年　利根書房
『戦争廃止論』内村鑑三　二〇〇三年「デンマルク国の話ほか」教育出版
『日本文学報国会　大東亜戦争下の文学者たち』櫻本富雄　一九九五年　青木書店
『中里介山の戦中日記』尾崎秀樹　一九八二年「文学」Vol.五〇　岩波書店
『それぞれの戦争』林京子　二〇一三年「望星」通巻五三二号　東海教育研究所
『兵役を拒否した日本人』稲垣真美　一九七二年　岩波書店

VI　山口左右平の先祖と父祖たち〜子孫の目からの感想

一　山口左右平の先祖

雨岳文庫《うがくぶんこ》のもととなった山口家は、黒田藩士であった野田氏が当地上粕屋村にたどり着き、幕府の有力旗本大名の米倉氏の庇護を受け、米倉領の有力地主であった山口氏より養子を迎えて、山口を名乗りました。山口氏は、米倉氏のあとに上粕屋村（現、神奈川県伊勢原市上粕屋）の地頭になった間部氏に代々仕えてきました。

七代作助は、江戸表に詰めるのみならず、間部家家臣として、しばしば大阪表に出張し旗本各家の用人たちと国内、国際の情報を交換していました。長州征伐に備えて最新式の銃器を揃えるようにとの一橋様から間部氏への指示が山口に回送されて、これらの対応にもあたりました。ロシアの難破船が間部領の西伊豆にある造船所で修理していたときには、修理の状況を視察に出向きました。

また、大政奉還時に幕臣が江戸城に招集されたときには陪臣ながら江戸表に呼び出されるなど、単に間部領の地代官であったというのみならず、国許用人格として、間部氏の家政等に深くかかわってきました。

作助については、「間部下総守家来」、「中島信行総代理人」それぞれの肩書の名刺があり、間部家国許用人格の立場のみならず、自由民権運動にも相当入れ込んでいた様子が窺われます。

『雨岳文庫』は、それらの歴史資料及び幕末の間部家や間部領の記録、明治期に起こった自由民権運動、それ以前の報徳運動から続く、農村の近代化運動の記録、八代左七郎（相州最初にして最大の自由民権結社『湘南社』社長、第一回帝国議会衆議院議員）、九代左一（帝国農会神奈川県評議員、衆議院議員））、一〇代左右平（産業組合中央会、戦時中の衆議院議員）それぞれの記録及び、幕末最後の代官所となった山口家住宅（国登録有形文化財）等を活用する目的で、自由民権運動研究家大畑哲氏、神奈川県立公文書館員樋口雄一氏等と共に『任意団体雨岳文庫』を平成四年に結成しました。その後、平成十八年に『特定非営利活動法人雨岳文庫を活用する会』を経て平成二十七年十一月「公益法人雨岳文庫」として認定されました。

これらの資料等を利用した体験学習イベント、研究成果の発表・出版等いろいろ活動がなされてきましたが、自由民権運動などを通じた農村の近代化運動の最後の締めくくりになると思われる、産業組合運動とその周辺の発表がなされてこなかった感があります。今回、当財団の監事であり、雨岳ガイドの会メンバーでもある津田政行氏によって、そのあたりを扱った論文が、発表されましたので、出版して公表したいと思った次第です。産業組合運動・国会活動を通じての満州国や農地解放の歴史等でありまして、いままで空白になっていたと思われる部分であります。

二　山口左右平の父祖

山口左右平は、山口家の一〇代の当主でありますが、九代目以前の当主たちの暮らし方について、私が見聞きした範囲で、自分の感情も入れて、コメントします。資料などについて調べたわけではありません。

①　山口家は、代々の若い当主が一年のかなりの期間は、江戸の間部家に家臣として住み込み、親は国許に住んで農業をやるというような仕分けをしていたようです。

②　六代佐治衛門、七代作助についての山口家周辺のうわさでは、両人とも実際に農業に携わり精農として周囲に一目置かれていたそうです。例えば、当時の麦蒔は麦のもみを糞尿に混ぜて手で振るようにして蒔くのでとても難しかったようです。

佐治衛門は知りませんが、作助は両手で蒔いて見せるなど、農業についてはとても達者だったので、近所の人達は、山口さんの種を蒔くのを見て、それから種を蒔くなどしたそうです。私（山口匡一）は「やまぐちさんがまず種を蒔く、それに続いて近所の人が蒔く」というのを聞いて、「山口さんに遠慮して一歩後に種を蒔いている」と誤解していましたが、作助のことを親から聞いていたというお年寄りの話で、「山口さんを見習っていれば間違いないと親から聞いた」ということを聞いて安心しました。

③　また、作助は一八六〇年にお殿様（間部氏）からの指示に従って、自宅を石倉から現在の七五三引《しめひき》の地に移転するにあたって、自宅は代官所に作り直すことにし、建物の造作については、お殿様とも何回も打ち合わせてお殿様のお座りになる部屋などは、入母屋の屋根を寄棟にして屋根を押揚げて、二階にとても立派な数寄屋造りのお部屋を入れ込んだりしていますが、屋敷の庭には下肥の発酵槽を二槽、石で囲んだ堆肥の発酵枠などを備えた堆肥小屋、養蚕室、味噌や醤油のもろみなどを発酵させる味噌蔵、などを備えた近代風農家の屋敷として作られております。また、曳家による屋敷の移転中に明治になり代官所の話は無くなったにもかかわらず、当時凶作等で景気が落ち農村が貧しかったのを考慮し、事業を続行し明治二年に現在の土地への移転を終了させたのだそうです。

④　上にも書きましたが、作助は間部家の家臣としては、間部家の外向きの仕事をしたり、他家の用人たちと、長州様がフランスと戦争をして負けただの、薩摩様がどうなっただのというような情報交換もしていました。

また、一橋様から鉄砲を二〇丁揃えろとか、ロシアの軍艦の修理を見回りに行ったりするなど、いわば、外の用向きをこなしながら、家では農業の近代化にも心を使い、自由民権運動については、有志や婿の左七郎と共に地域の近代化にも相当に入れ込んでいたようです。

⑤　八代左七郎は、若いころには、小田原藩士の吉岡信行から和歌・国学を、林家の門人環節堂より儒学を学び、のちの妻槙の兄に洋算などを学んだりして洋学の刺激を受け、ドイツ語も学んでいたようです。吉岡の門下生としては、報徳四天王と称される福住正兄もおり、その他にも報徳運動から自由民

権運動結社「湘南社」の中心的人物がかなり出ているように思います。左七郎は吉岡にはかなり影響を受けたようで、吉岡晩年の日記「矮宅日記」なども山口家に残っておりますし、その他、誕生日記念の寄せ書き等、吉岡縁《えにし》のものがかなりあります。

⑥　明治六年に当家の婿に入ってからは、主に政治向きの行動が多かったと思いますが、実家にいたときから農業の経験もあり、当家に来てからも、西洋の農学書に基づいた小麦の発芽試験をしたり、養蚕の育種用の養蚕室を作ったり、桑の苗を大量に植えて明治天皇からの賞状を頂いたりするなど、作助の応援があったかもしれませんが、それなりに農業の近代化に尽くしました。

⑦　作助と言えば、お茶は、作助が始めたようです。慶応の『萬覚帳』に、駿河のお茶の人を呼んだ記録があります。近所の農家の人で、私の友人に、「自分のひいじいさんが山口さんのお茶造りに手伝いに行って、お茶の作り方、焙烙（ほいろ）の作り方を覚えて、自分の時代まで代々見習ってきた」という人がおりました。

私の子供のころも、お茶造りの時は、お茶の摘み手は近所のベテランのおばさんが若い嫁さんたちに教えながら葉を摘み、焙烙での製茶には男の人が何人か来ていました。その人たちも若いころには、山口さんのお茶造りの手伝いに来て覚えたのだそうです。山口家では、みそ造り、醤油仕込み、醤油絞りなども、近所の人達が皆で手伝いながら、若い人に教えながら、やっていました。

⑧　左七郎に戻りますが、左七郎は山口家に来たころ、新しい政治の仕組みと昔ながらの慣習の折り合いをつけるのに、作助と共に苦労したようです。

例えば、近世以来の伝統的思考法を取る小前層と、近代的な感覚で契約の概念等のはっきりした人たちとの間に立って苦労したと思います。その中には、大審院の裁判へ持ち込まれたこともあったようです。その他、伊勢原銀行の設立、自由民権運動・伊勢原講学会の同志山口書輔と共に農業株式会社を設立しました。また、やはり同志の江口武寿と共に医療環境の乏しい地域に医療施設『江山堂《こうざんどう》』を造り、近代医学を学んだ武寿の甥赤沢次郎人《じろんど》を住み込ませたりしました。

そのときの会計簿や、『江山堂』の名前の入った机が雨岳文庫にあります。不遇の人たちが自らをよくするという意味だと思いますが、「自彊組合」というものを作り、江口が会長だったようで、自彊組合の顕彰碑も残っております。その他、自由民権運動と民権結社「湘南社」の活動、第一回帝国議会衆議院議員に、自由民権運動の指導者で衆議院議長となった中島信行と共に当選。もっとも第二回総選挙では、「私、思うところありて、候補を辞す」などの新聞広告を出して、議員を辞退しています。それ等は、雨岳文庫第一集『山口左七郎と湘南社（まほろば書房）』に譲ります。

三　山口左右平の父

①　どこの地区でも有力地主はそうだったと思いますが、山口家九代左一は、現在の伊勢原市域の文明開化に尽力しました。

伊勢原の郵便局管内に電話を導入、その痕跡は山口家の電話番号（九五）〇〇〇二に反映されています。「山口さんは一番を」という申し出に対し、「郵便局が一番で」ということで、今でも（九五）〇〇〇一は伊勢原郵便局にあると思います。

その他、電気会社、バス会社の設立等がありました。バス会社の設立にあたっては、駕籠かきや人力車夫の殴り込みにもあったそうです。

そののち、左一は親から引きついだ銀行をつぶしました。聞くところによると、ある時に有力行員が、大量の債権を買い付け、それを何らかの理由で失ったのが原因のようです。それは、左右平の妹からの手紙などから窺えます。

その時の取り扱いで、私が救われるのは、左一が全ての債務、預金を全額自費で返済したことです。その経緯は当時の新聞にも詳しく報じられましたが、三浦地方のなんとおっしゃいましたか、名前は忘れましたが、「この度の取り扱い。とても感服しました」というような文面でお手紙をいただきました。山口家では、そのときに山林九七町歩と主だった水田を失いました。この取り扱いの基本案は娘婿の東浦庄治氏、事務取扱は左七郎の実家の知り合いの山口匡太郎氏が当たりました。

②　左一は、上のことなどがあって、山口家ではあまり存在感がありませんし、祖母などはあまりよく思っていなかったせいで、左一関係の資料もかなり整理してしまっています。

こんなことを持ち出すのもどうかとも思いますが、左一には浮気の始末書風なものが二通ありまして、最初のものは私が本の間に挟んで置いて見つからなくなっていますが、湘南社の幹部梅原修平や、山口書輔、など錚々たる面々の立会人の署名付きで、「夫婦間の盟約」というタイトルで「夫は妻の尊厳を辱めることなく…」という書き出しになっています。もう一通はもっと後から書いたもので、単に「誓約書」というタイトルですが、左七郎のほかに、山口書輔（湘南社）、江口次郎人（上記）、鵜川九兵衛（村長）、石井覚太郎（伊勢原銀行）などが立会人で、「夫は妻を辱めることなく、妻は夫に貞節を尽くし…という書き出しながら、左一にもし背信的なことがあれば、相続人から外し、孫の左右平（まだ生まれたばかりだったでしょうに）を相続人にする」など、前回よりも実質的に書いてあります。これは、故人の浮気話で、おじいさんには申し訳のない話でありますが、民権運動後の山口家の近代化は、精神にも及んでいたとも思えるので、あえて掲載しました。

③　もっとも、左一は他人から見れば、人の話をよく聞く、他人に親切である。などとかなり評判はよく、自分の意見に熱弁をふるうタイプの左右平と比べて、左一のほうをよく思っている人もおります。また、大正のある時期、上記の「自彊組合」の会長をやったこともあった、と聞いております。ついでに、少し付け足しておくと、左一の出身校は同志社であります。これは海老名の自由民権家の大島正義の弟の正健が、札幌農学校の二期生で、一期の新島襄に誘われて同志社の教授になっていたこととの関係と思われます。これは厚木の民権家小宮保次郎の長男も同志社に入学していますので、確かだと思います。

④　話は変わりますが、娘の婿の選定についても、「家柄などにこだわらず人物に」ということでした。長女きくの夫は、報徳運動結社克譲社の中心大沢家の出で上野家の婿になった、上野七兵衛の孫で東京帝大（以降、東大と略す）を出て、醸造の研究に北京まで行った上野潔です。

次女ろくは、寺の住職の資格がありながら、東大の医学部を出て、ヴィタミンＢ１剤ベリベロールを開発し勲章を貰った月江曹元に嫁ぎました。

月江のビタミンについての論文が、伝染病研究所生物化学研究室の雑誌に発表されているようで、これで医学博士を貰ったように聞いております。

三女あやは、東大の農学部を出て、新潟を皮切りに各地の試験場長を務め明石の場長などを務めた安藤安孝に嫁ぎました。安孝も場長時代いろいろな作物についての論文を書いていますし、漬物の本なども書いております。

四女ゆうの夫は、東大経済学部を出、帝国農会に勤め後、参議院全国区より当選、和田博雄などと、緑風会に加わった東浦庄治です。

五女わかは、東大工学部を卒業後満鉄の技師となり（一九三〇〜一九三八）、終戦後は鹿島建設の専務を務めた石井達郎に嫁がせました。石井の父の実家は作輔の妻キヨの実家で、母は、山口を養家にして石井の父専造と結婚しました。私共と石井家との付き合いのなかで、戦前の満州及び満州国の様子は、満鉄にいた石井からかなりの頻度で、左右平まで届いていました。
⑤　左一は、子供のおもちゃもできるだけいいものを、と心がけていたそうです。今は残っていませんが外国製だったかもしれないオープンカーの何分の一かの模型などは、本物そっくりの精巧なものでした。次男の亮吾なども本当に稼働すると思われるような蒸気機関をつくっていたり、カメラの現像などに凝ったりしていました。で、もちろん当時としては珍しいカメラもあったようですが、神奈川県に貸したっきりだそうで、後はどうなったかわかりません。
因みに、山口亮吾はその後、旧制静岡高校より東大工学部に入学したのですが、結核を患って静養中、大東亜戦争が始まったのを聞き、三日後の十二月十一日に自殺しました。
⑥　東浦庄治についてちょっと触れておきます。インターネットの記事によれば、三重県渡瀬郡の農

家の次男で、大正・昭和の農業団体の指導者で、農政学者。東京帝大経済学部卒、安田信託銀行を経て、帝国農会に入り、大正十四年参事。農政、経済各部長を経て、昭和十五年幹事長兼総務部長。かたわら、東大農学部実科講師、東京農大講師を兼任。また、産業組合中央会主事、農地開発営団監事、中央農業会理事を歴任、その間の十八年には、治安維持法違反で検挙されています。

戦後、全国農業会副会長、二十二年には、参議院全国区議員に当選。緑風会に属し同会会務委員を務め、農業協同組合発足に伴う農業会解体によって農業団体の主流から外れました。また、全国農業共済会長としても活動しましたが、激動する内外情勢に対応する中で自殺。著書に、『日本農業概論』『農業団体の統制』『日本産業組合史』『日本農政論』などがあります。

国立国会図書館サーチに、『日本農政論』の紹介が出ておりましたので、東浦の思想の紹介の為、転記しておきます。

『日本農政論　東浦庄治著』東浦庄治選集刊行会　編　出版社　農業評論社(一九六二年出版)　監修：東畑精一、湯川元威　(※東畑は、東浦の親友でした)

部分タイトル：

第一編　日本農政の道標、農村問題抬頭の背景

小農の商品生産化と資本の小農支配、不景気と我国農村人口問題、所謂産業合理化運動と農業、農業における合理化の方向と限界、我国に於ける農業金融機関の歴史的使命、農業協同組合の理論と現実

第二編　小農理論と地代論

非資本家的経済組織の一理に関する問題(チャノフ)、ケイの「自由論」とウォレスの「国有論」、チュ

ルゴーの「地代論」構成、リチャード・ジョーンズの「小農地論」、マルクスの「絶対地代論批判」

⑦　六女の正子は、左一の妹の建子《たつこ》が嫁いでいた三菱の大番頭田原豊の養女となりました。その後、正子は田原の娘として、実業家浅野総一郎の娘やすと浅野系の会社社長寺田洪一との間の次男である整治郎と結婚しました。終戦後、正子の夫政治郎は未だ復員していなかったころ、正子は特定郵便局長の申請をしたのだそうです。はじめは女だからということで、郵政省は難色を示したが、緑風会出身の文部大臣高瀬荘太郎という人が、「これからは、男女同権の時代になるのだから、女の局長でもいいではないか」ということで、日本初の女性郵便局長が誕生したのだそうです。私も、その新聞記事は見たことがあります。

四　長男匡一より眺めた山口左右平

わたくしが眺めた、と言っても中学二年の春に父は亡くなっていますので、主に子供の目で眺めたこと、と言うことになります。

父左右平（「そうへい」と読みます）は、京大経済学部を卒業後、産業組合中央会に勤務し、その人たちの推薦を受けて、衆議院議員となったわけでありますが、私たちの村では産業組合は、産業組合運動として、早くから導入され、左右平と産業組合とのかかわりは、中央会勤務以前のことかもしれません。昭和十七年春の総選挙の時の対立候補は、終戦後の総選挙で当選し、のちに衆議院議長になった岩本信行氏で、当時神奈川県会議員であり、蚕業組合を設立し組合長になったりいろいろな農業団体の役員を兼任していた人だそうですが、農業団体の人たちが相談の結果、山口左右平が候補者になったのだそうです。選挙事務所は自宅でしたし、その様子は今の地方選挙の様で、各地区の有力者へお使いが行ったりして、昔の農村の選挙そのものでした。でも、華族廃止論者であり、農民救済や女子教育、部落救済運動など農民運動に尽くした有馬頼寧氏が見えたのを覚えています。威厳のあるかたでしたが、「坊ちゃんおいで」なんか言って頭をなでて下さいました。

　左右平の地元の選挙事務長を務め、昭和四十一年から一四年間を高部屋村農業協同組合長、昭和六十年から一五年間を伊勢原市農業協同組合長を務めた山田正雄氏は、昭和五年より高部屋産業組合主事として勤務して以来産業組合一途《いちず》に尽くしました。最初のころは、周囲の市町村には産業組合は組織されておらず、近隣の町村へオルグに行った、ということでありましたので、産業組合というよりも、産業組合運動と言うべきものがあった、と認識しております。因みに高部屋産業組合の正式名称は有限責任高部屋信用購買販売利用組合というものであったそうで、相模の国最初にして最大の自由民権運動結社「湘南社」の人達の贈り物であったと思われ、明治四十一年に結成されております。因みに、高部屋村の産業組合では二台の石油発動機（のちに電動モーターとなる）をはじめ、脱穀機、籾摺り機、製粉機など農用の機械・道具などを共同購入し、農業機械のオペレーターもいて、事務の傍ら機械の操作も皆に教えていきました。

1　息子が聞いた父の言葉、振舞い

息子が聞いた父の言葉、振舞いなどを列挙します。

① 私が国民学校三年の時、「中国大陸には、とっても広い土地があって満州という。お前が四年生になったら、夏休みに見せてやる」と言っていました。

② もう少し前になりますが二年生か一年生のときのシンガポール陥落のあとに「講和のチャンスを逃した。とっても残念だ。その頃から、天皇陛下が勅語を読むときに、ブルッと震えるようになった」など残念がって、少年の私に、いつもくよく言っていました。

③ 戦時中のせいもあったと思いますが、国会で、味噌を増やすために人参の干したのを混ぜれば、量が増えると言ったらみんなが感心した、だの、「干物は頭から骨ごと食え」だのと、ものを食べることにはうるさかったです。

④ 戦後のことと思いますが、産業組合運動の指導者であった千石興太郎氏の自宅に、父に連れられてあいさつに行ったことを覚えています。

2　終戦後のこと

① 父は終戦後の総選挙に立候補する積りだったようで、その為の選挙ポスター『日本進歩党　山口左右平』が残っていますが、実際には公職追放になり、立候補はありませんでした。父は新聞紙面の政党一覧表の国民協同党の欄を指して「私は、実は、こちらに賛成なんだ」と言っていました。

② 国語をローマ字にする、という議論があったそうですが、父はローマ字論者でした。自分は子規

に私淑したりして、和歌はいつも詠んでいる人ですのに、私と大論争をし、私が「漢字には文字そのものに情緒や感覚が載っている」等と述べたのに対し、「英語だって、文字が集まれば、ブロックとして感覚や情緒が載っている」など言い張り、書く時の機能性を言い立てれば、親子で、同じ文章の仮名交じり文と、ローマ字文の書き較べをして速さを競ったりしました。

③　戦前、戦中に自分たちが検討し主張していた農地解放（戦前、戦中には自作農自立法案という様なタイトルであった）が大政翼賛会の下では実行できなかった。それがＧＨＱの下で実行され、私の家でも二町歩を遺して、後は放棄したのです。しかし、耕地を纏めておいたものですから、それを利用して機械を使った耕作を考えていたようで、「畑の真中に電柱を立て、電動モーターを搭載した耕運機で耕耘をする」なんて言っていました。

④　戦争から戻って私のうちのおとこし（男衆）をしていた人がおりましたが、父はその人に、厚木飛行場のそばの陸軍用地の開墾地の入植を斡旋したのが、公的活動の最後でした。それと、戦後の民主警察の後援会長をしておりました。

3　匡一について

以上色々書いてきましたが、私（一一代匡一）は、小学校までは経堂で育ち、学校に上がる年の一年前に、上粕屋に一人で帰ってきました。

戦争が始まったので、小学校は国民学校になり、国民学校の最初の一年生になりました。東京から来た子で、近所の親戚もないものですから毎日皆に叩かれていました。「こんなの坊っちゃんなんか言うのはもったいねえ。ボツでいい」なんか言われて毎日全員に叩かれました。

それで、あんまり学校にも行かなくて、家で自分の好きなことだけやっていればよかったので、結構楽しく過ごしていました。

父は衆議院議員だったので、息子が学校に行かなったのも知らなかったようです。漢字は講談全集や落語全集にはルビが振ってあったので、それで覚えました。ある学年の時の先生には「山口左右平がなんだ」などと言って竹の棒が粉々になるまで叩かれました。終戦後になると、社会の授業では、「戦争中の議員がいけない、地主階級がいけない」などと言われていましたので、私のことを言っていたわけではなかったのですが、私としては「今まで、他人の働きで食ってきたのが悪かった」と思い、「これからは自分で百姓をやらなければ」なんて思ったのですが、その割にはあんまり一生懸命に仕事をしなかったです。が、少なくとも父よりは農業も達者だったし、畑仕事もしました。麦、小麦を蒔くための畑作りなどは、道志川の方から男衆に来ていた中学を卒業したばかりの男の子と、学校から帰った私との二人で全部手でうないました。考えてみると、父は結核で、最後は経堂にいたものですから、家にはいませんでした。

中学二年の春に父親が死にました。その一〇年位後でしたか、左右平の産業組合中央会のころの友人がお墓参りに見えました。皆さん、ほとんどの方が、新しくできた農業協同組合に移行されている中、中込《なかごめ》とらいちさんという方（左右平や、奥むめをさんと机を並べていた方のようです）だけが産業組合をやめた後、郷里の山梨に帰り、桃農家になられたとお聞きしました。そのときに「あんた農業をやっているのか。しっかりやりなさい」と言って下さいました。その方とはこれからの農業の話をしました。

この人は産業組合運動をやっていたのだ、と思いました。

その後、新都市計画法というものができまして、土地の売買が盛んになり、市街化が広がってきました。あるとき畑にいると、自転車の男の人が降りてきて「お前、いつまで畑をやっているんだ、そのお陰で市街化が上がって来ない。大真面目に百姓をやるのは、いい加減にしろ」なんて言われたこともありました。もっとも、私は昼間は農業をやっているものの、夜間の高校の教師をしたり、その後は大学に勤めたりしていたもので、農業の経営は家内がやっておりました。私の母親が、果樹などの農業生産物をほうぼうの人にあげたりして、交際に使うことが多く、収入にも影響してきますので、家内が農業会計と自家の会計とに分けて計算できるように工夫した会計簿を作り神奈川県の家計簿コンクールで表彰されたり、いい資料が見られたと農林省から感謝されたりしました。

また、高速道路などができて農地が減りましたら、家内が「私たちの代で、農地を減らすのは申し訳ない」ということで、それよりももう少し多くの代替え地を買いました。少し大きな面積でしたので、少々借金も増えました。どうやら返し終わって、現在に至っております。家屋敷は公益財団に寄託、家の周りの畑は、財団経営の国登録有形文化財山口家住宅の景観を兼ねた梅林にして、現在は梅干農家をやっております。

追記、山口左右平《そうへい》は、左右平《さゆうたいら》と書きますが、山口左七郎と共に活躍した民権家山口書輔（湘南社員）の婿は半次郎、同じ湘南社の社員であった石井寅之助の孫は、平《ひとし》などと見ようによってはこだわった感じになっています。

追記Ⅱ、あとになって読み直してみると、山口家の人々の中には、農業がらみの内容が多いことに気が付きましたので、二、三付け足しておきます。

①　左一の弟恒は、父左七郎の実家の養子になり間宮恒になったのですが、酒匂平野の農産物を御殿場線を利用し、農村の皆で結束して東京の市場に出荷することを企画したりして、中々活躍したのだそうです。これは恒の法事の時に、出席者のどなたかが言っておられたことで、他の方の中には同意されていた方もおられました。が、いつどの程度実行されたのかはわかりません。ついでに申し添えますと、恒の長男健治は、下記の東京農大の卒業で、卒業後は出征し、帰還後大井町の農協に勤め、その後長い間、同農協専務理事として勤めておられたように記憶しています。

②　左一の長女きくの嫁いだ上野家の長男敬一郎は京大農学部を卒業後、神奈川県立大船フラワーセンターの園長になり、百合の品種の改良などで、位階をいただきました。

③　左一の三女あやの夫安孝の父で、実家の母の深雪の姉のやすの夫安《やすし》は、農林技官でしたが、のちに東京農業大学の設立関係者で、農大理事長室には安の額も掛かっているそうです。

色々書きましたが、私は歴史の専門家でもありませんし、歴史の教養もありません。上記のことは、山口家の子孫として、聞き伝えなどを含めて述べたものでして、ほとんど検証することなく、私の記憶しているままをフリーハンドで書いただけですので、専門家の目で見て、事実に誤りなどがありましたら、ご指摘下さい。機会があれば改訂いたしたいと存じます。

（二〇一八年一月七日　公益財団法人雨岳文庫　専務理事　山口匡一）

おわりに

わたしの山口左右平感は、‘感情的に安定していて、うろたえることなく、情緒的に反応せずに、冷静に判断できた余裕ある行動の人’です。

うがった見方をすれば、それは生来の気質によるものかもしれません。あるいは親がそれを期待して命名した‘左にも右にも極端に走ることのない平穏な生き方’に左右平自らが応えるべく、生涯のモットーにしていたのかもしれません。ここで思い出されるのは、生涯のモットーを戒名として遺言したと思われる曾祖父作助が、‘恆固居士’であったことです。

郷村に深く根ざした開明的篤農家の家系と、祖父以来の帝国議会議員とを多分に意識しながら、左右平は人生行路の岐路で選択していたのでしょう。もうすでに時代は戦争に強く傾斜していて、すべてのものが流れはじめていたときに、どんな社会体制のなかにあっても、生存の根源である農業で貢献することを目指したのでしょう。

翼賛政治体制協議会の推薦を受けた所信表明では、皇国皇軍の翼賛を修飾する慣用句を連用します。その内容のどこまでが左右平の真意かはわかりません。流布しているキャッチフレーズ通り儀礼的に用いたがゆえに、そのまま処分もせずに放って置かれたものでしょう。

軍政とは直接的なかかわりがないところで、災害や減収の対策や効果的な農業関連組織の運用に取り組みました。産業組合中央会の同僚であった奥むめおが、翼賛会で取り組んでいた医療・栄養・衛生・共同に関することも、そのまま戦後社会で適用されています。普遍的なものは、不変なのです。

山口左右平の資料には手書き文章が少ないので、苦心しました。そこで「山口左右平とその時代」という視点から、舞台の情景を描くことに時間を費やしたわけです。手書き文が少ないということは台詞が少ないということになります。その分、背景の描写に心がけ、つぎに有名無名の登場人物を配して、人々の言動によって主役左右平に暗に語らせた、否著者が喋ったということです。

時代の傾斜角がきつくなると、人々の対応が明確になってきます。忖度や過剰反応で無言になる人、自粛する人、早々と順応して優位を占める人、等々。もちろん信条の人もいますが。

急角でもなお抗するのは、学者や主義者や信仰信奉者の信念です。これらの人々は、選択の余地がありません。

これとは異なり、多くの人は日常、精神的に強固な立場がないので、統制がかかると保身と利己が強調され、地があらわになります。最も階級統制が強いといわれることが多かった軍隊でも、軍中央を無視した作戦行動、天皇の命令のないままに動く皇軍など、ふしぎな人の動きをみてきました。人間には統制しきれない限界があるようです。

ですから逆説的なもの言いをすれば、固い信念といわれるほどの思想や信仰心をもちあわせていない多くの人にとっては、選択の幅が思ったより広いということを改めて考える必要がある、と感じました。

市井にあってもあるいは組織において、なんらかの社会的傾向が強まったとしても、どんな時代にも普遍的な部分で貢献できるように、せめて他人に被害を与えることがないように、他を強制することがないように、冷静になって現状の把握ができ、自分らしい柔軟な思考を取りもどせるように、心がけていなければ……などと考えてきました。

近代日本の足跡を返り見ながら、歴史に刻まれた人々がその時代にどのように向き合ったのかということを、山口左右平を軸に見てきました。このことによって、これからも時代のなかのひとりとして、時代のなかで生活するわれわれ自身の問題として、'自分ならばどうするか'ということを考えさせられました。苦労の割にはまとまりのない冗長にすぎるものになってしまいましたが、おりしも戦後七〇年、すでに新たな戦前へと傾斜しつつある国、人の集合体でありながら人による制御が不能になる国というものの残忍さは、自然災害のそれ以上であるとの思いさえ抱かせます。

公益財団法人雨岳文庫野崎昭雄代表理事ならびに専務理事山口匡一様・智子様ご夫妻には、山口左右平にまつわるお話や資料の所在、読みかた調べかた等々多岐にわたり、多くの示唆をいただきました。末筆ながら深甚なる謝意を記します。ありがとうございました。

平成二十七年（二〇一五）八月

津田政行

（刊行にあたり一部加筆訂正した。資料中には現在、差別用語とされている語も含まれているが、時代背景を表わすものとして原文のまま引用した。）

著者プロフィール

津田政行（つだ　まさゆき）
昭和17年（1942）、岩手県生まれ。
・専門学校および理工学部卒業後、医学系研究科研究生。博士（医学）。
　診療放射線技師、医学物理士として放射線医学の臨床や研究に携わる。現在、いせはら歴史解説アドバイザーとしてボランティア活動に参加。
<著書>
2007年『詩集 五十五峠』新風舎
2011年『詩集 つづらおり』文芸社
2012年『福士川 中津川 甲子川』東海印刷所（私家本）
2018年『明るい諦観』文芸社

山口匡一（やまぐち　まさいち）
昭和９年（1934）、東京府千駄ヶ谷に生まれ。５歳まで東京府経堂に育ち、６歳の時に父の生家・神奈川県中郡高部屋村（現伊勢原市）に帰る。
・神奈川県立厚木高校卒。
・東京教育大学理学部数学科（代数幾何学）卒。
　私立旭丘高校、神奈川県立大秦野高校、伊勢原高校（教諭）
・日本大学理工学研究科（代数幾何学）卒（理工学修士）。
　幾徳工業高専（助教授）、神奈川工科大学（教授）（一般教育－代数学・数学教育）
現在、公益財団法人雨岳文庫　専務理事
<著書>
1996年『山口左七郎と湘南社―相州自由民権運動資料』（共著）まほろば書房
2003年『地方名望家・山口左七郎の明治維新』（共著）大学教育出版

	8月 6日	広島に原爆投下
	8月 9日	長崎に原子爆弾投下
	8月14日	ポツダム宣言受諾回答
	8月15日	天皇が終戦詔勅放送
	8月28日	占領軍第1陣上陸
	9月 1日	第88臨時議会召集　6日まで
	9月 2日	降伏文書調印
	10月 4日	治安維持法廃止、政治犯釈放などのGHQ指令
	10月31日	軍国主義教員追放GHQ指令
	11月 2日	財閥解体GHQ指令 日本社会党結成
	11月 9日	日本自由党結成（鳩山一郎）
	11月16日	日本進歩党結成（町田忠治）
	11月26日	第89臨時議会召集　12月18日まで
	12月 1日	日本共産党第4回大会
	12月15日	国家と神道の分離GHQ指令
	12月22日	労働組合法公布
	12月29日	農地調整法改正公布（第1次農地改革）
昭和21年（1946）	1月 1日	天皇人間宣言
	1月 4日	軍国主義者公職追放、超国家主義団体解体GHQ指令
	2月 9日	日本農民組合結成
	4月10日	第22回総選挙
	11月 3日	日本国憲法公布
昭和22年（1947）	1月 4日	公職追放令改正で財界・言論界・地方公職に拡大
	3月31日	衆議院解散（帝国議会の終焉）
昭和24年（1949）	3月26日	山口左右平逝去

4月13日　日ソ中立条約調印
5月15日　産業組合中央会主事山口左右平総務部文書課長総務部企畫課兼務
6月16日　大政翼賛会第1回会議。日本文芸家協会が文芸銃後運動を始める
7月 1日　全国一斉に隣組の常会を開催

昭和17年（1942）2月　山口左右平帝国農会農政事務を委嘱される
2月21日　食糧管理法公布
2月23日　翼賛政治体制協議会結成
4月18日　本土初空襲（空母から東京・川崎・横須賀・名古屋・四日市・神戸）
4月30日　第21回総選挙（翼賛選挙）山口左右平当選する
5月 2日　日本文学報国会結成
5月20日　翼賛政治会結成
5月25日　第80臨時議会召集　29日閉会
7月 2日　御前会議で対ソ戦準備と南部仏印進駐を決定
6月 9日　大政翼賛会全面改組
7月24日　１県１紙の新聞社統制を発表
7月25日　アメリカで在米日本資産凍結令公布
8月 1日　アメリカ対日航空機用ガソリン禁輸
9月 2日　翼賛議員同盟創立
12月 8日　日本対米英宣戦布告

昭和18年（1943）9月 8日　イタリアが無条件降伏

昭和19年（1944）10月10日　米軍沖縄攻撃
11月24日　サイパン基地発進Ｂ29による東京初空襲
12月 7日　東海地方の地震津波で死者998人

昭和20年（1945）1月13日　東海地方大地震で死者1,961人
5月 7日　ドイツが無条件降伏
6月23日　国民義勇兵役法公布

	11月25日	日独防共協定調印
昭和12年（1937）	7月 7日	盧溝橋事件勃発
昭和13年（1938）	4月 1日	国家総動員法公布
	12月	山口左右平産業組合中央会主事となる
昭和14年（1939）	8月	山口左右平産業組合中央会事業部企画課勤務となる
	9月 1日	ドイツ軍ポーランド侵攻
	9月 3日	英仏が対ドイツ宣戦し第2次世界大戦始まる
昭和15年（1940）	3月 7日	斎藤隆夫議員除名
	3月25日	聖戦貫徹議員連盟結成
	4月 8日	国民体力法公布
	4月10日	米穀強制出荷命令発動
	6月	山口左右平満鮮地方協同組合事情調査を命ぜられる
	6月11日	聖戦貫徹議員連盟が全政党に解党進言
	7月	山口左右平総務部企画課長となる
	7月 6日	社会大衆党解党
	7月 8日	日本労働総同盟解散
	7月16日	政友会久原派解党
	7月26日	閣議で基本国策要綱決定
	7月27日	大本営政府連絡会議が南進政策決定
	7月30日	政友会中島派解党
	8月15日	民政党解党。これで全政党解党終了する
	9月27日	日独伊軍事同盟条約締結
	10月12日	大政翼賛会発会式
	10月16日	米国が対日屑鉄禁輸実施
	11月10日	紀元2600年記念式典
	11月23日	大日本産業報国会創立
	12月16日	大政翼賛会が臨時中央協力会開催
昭和16年（1941）	4月	山口左右平満州開拓協力協議会幹事を委嘱された

	5月 8日	小作制度調査会設置
	9月 1日	関東大震災
	9月16日	大杉栄ら憲兵隊甘粕大尉に殺害される
大正13年（1924）	5月26日	アメリカで排日移民法成立
	7月22日	小作調停法公布
大正14年（1925）	5月 5日	普通選挙法公布
昭和 2年（1927）	3月	山口左右平静岡高等学校文科を卒業
昭和 3年（1928）	6月 4日	張作霖爆殺事件
昭和 5年（1930）	3月	山口左右平京都帝国大学経済学部を卒業
	4月	山口左右平産業組合中央会に勤務
	11月14日	浜口雄幸首相狙撃事件
昭和 6年（1931）	3月	事件発覚
	7月	山口左右平文部省主催第一回蚕糸業講習会を終了
	9月18日	満州事変
昭和 7年（1932）	1月28日	上海事変
	2～3月	血盟団事件
	3月 1日	満州国建国宣言
	5月15日	5・15事件
	10月 2日	リットン調査団報告書公表
	11月12日	山口左右平松坂多恵子と結婚
昭和 8年（1933）	1月	第1次産業組合拡充五箇年計画始まる
	3月27日	日本が国際連盟脱退
	5月	京都帝国大学滝川教授休職処分
昭和 9年（1934）	12月10日	山口左右平産業組合中央会主事補になる
	12月13日	長男匡一誕生する
昭和10年（1935）	2月	美濃部達吉の天皇機関説問題
昭和11年（1936）	2月26日	2・26事件
	9月 8日	山口左右平父左一逝去し17日家督相続届出
	9月11日	産業組合中央会主事補山口左右平総務課勤務となる

			軍が鎮圧
明治34年	(1901)	11月18日	官営八幡製鉄所操業開始
明治35年	(1902)	1月30日	日英同盟協約調印
明治37年	(1904)	2月10日	ロシアへ宣戦布告
		6月28日	山口左右平誕生
		8月22日	第1次日韓協約調印
明治38年	(1905)	9月 5日	ポーツマスで日露講和条約調印
		11月17日	第2次日韓協約調印
明治40年	(1907)	3月14日	米大統領令で日本人労働者閉め出し
		7月24日	第3次日韓協約調印
明治43年	(1910)	1月 7日	産業組合中央会設立
		7月 4日	第2回日露協約調印
		8月22日	日韓併合条約調印
		9月15日	帝国農会発足
明治44年	(1911)	1月24日	大逆事件死刑執行
		4月 3日	日英通商航海条約再改定調印
大正 3年	(1914)	7月28日	第1次世界大戦はじまる
		8月23日	日本がドイツに宣戦布告
大正 5年	(1916)	3月30日	米麦品種改良奨励規則公布
大正 6年	(1917)	3月	山口左右平高部屋村尋常高等小学校高等科1学年を終業
大正 7年	(1918)	11月11日	第1次世界大戦終わる
大正 8年	(1919)	1月18日	パリ平和会議始まる
大正 9年	(1920)	11月15日	国際連盟第1回総会
		11月27日	農商務省で小作制度調査会第1回総会
大正10年	(1921)	11月 4日	原敬首相刺殺事件
		12月13日	日英米仏4か国協約調印
大正11年	(1922)	2月 6日	海軍軍備制限条約調印
		3月	山口左右平神奈川県立厚木中学校を卒業する
大正12年	(1923)		山口左右平静岡市で寄宿生活を始める
		4月 6日	産業組合中央金庫法公布

関連年表

慶応 4年（1868）	3月14日	5箇条の誓文布告
明治 4年（1871）	7月29日	日清修好条規調印
明治 5年（1872）	8月 3日	学制制定
明治 5年（1872）	11月28日	全国徴兵の詔
明治 6年（1873）	1月10日	徴兵令布告
明治 8年（1875）	7月31日	柳田国男生まれる～1962
	9月20日	江華島事件
明治 9年（1876）	2月26日	日朝修好条規調印
明治10年（1877）	2月15日	西南戦争勃発
明治15年（1882）	7月23日	京城で壬午の変
明治16年（1883）	3月13日	高村光太郎生まれる～1956
明治17年（1884）	12月 4日	京城で甲申の変
明治18年（1885）	1月 9日	漢城条約調印
	4月18日	日清間で天津条約調印
明治19年（1886）	2月20日	石川啄木生まれる～1912
明治22年（1889）	1月18日	石原莞爾生まれる～1949
	2月11日	大日本帝国憲法発布
明治23年（1890）	7月 1日	第1回衆議院議員選挙
	10月30日	教育勅語発布
	11月25日	第1議会召集
明治27年（1894）	7月16日	日英通商航海条約調印
	8月 1日	清国に宣戦布告
	10月15日	広島で第7臨時議会
明治28年（1895）	4月17日	日清講和条約調印（下関条約）
	6月 7日	日本軍台北占領
	10月 8日	清朝閔妃殺害事件
明治29年（1896）	8月27日	宮沢賢治生まれる～1933
明治33年（1900）	3月 7日	産業組合法・土地収用法公布
	3月10日	治安警察法公布
	8月15日	義和団事件に発した北清事変を8国連合

戦前・戦中の農業改革と山口左右平
産業組合中央会から帝国議会議員へ
その事跡と時代

定価　本体価格二〇〇〇円＋税
二〇一八年五月十五日　初版発行

企画・編集　公益財団法人　雨岳文庫
〒二五九－一一四一　神奈川県伊勢原市上粕屋八六二
TEL (0463) 95-0002（山口匡一）

著者　津田政行・山口匡一 ©

制作・発行　夢工房
〒二五七－〇〇二八　神奈川県秦野市東田原二〇〇－四九
TEL (0463) 82-7652　FAX (0463) 83-7355
http://www.yumekoubou-t.com
2018 Printed in Japan
ISBN978-4-86158-081-9　C0021 ¥2000E